TREEHOUSES WONDERLAND
ツリーハウスを作りたい
ツリーハウス倶楽部 編

二見書房

CONTENTS

水木しげるはツリーハウス・デザイナー〈鬼太郎のツリーハウス〉……p4

東北に100のツリーハウスを！……p14
　　〜糸井重里の呼びかけで夢のプロジェクト〜

ツリーハウス作家たちの競演……p33
　　絵から生まれたツリーハウス：稲垣 豊……p34
　　　　スウィートグラス／軽井沢おもちゃ王国／チェリー小舎 他
　　「ツリーヘッズ」の小屋作り：竹内友一……p52
　　　　フジヤマ・ロッヂ／KIITOS／一番星ハウス
　　流木ツリーハウス：川田昌幸……p62
　　「あっ、できますよ！」から始まった：四方谷 毅・礼子……p64
　　　　ヤシ子／キューブ・ハウス／清流テラス／
　　　　琉球の庵／パン屋の看板／ヤスオ邸

初めて作ったツリーハウス……p103
　　なんじゃもんじゃカフェ：大関耕治……p104
　　みちのく吊りハウス：ゆきんこ……p120
　　小楢ハウス：小形 究……p124
　　人間の巣：村田弘志……p128
　　樹上の離れ：石田雅司……p134
　　バルンバルンの森：田代和徳……p140
　　卓上ツリーハウス：アンドリュー・デュアー……p142

小諸ツリーハウスプロジェクト……p147
　　bird-apartment／又庵／チーズハウス／オオムラサキの
　　ツリーハウス／間／NEST／Birds Eye View

世界びっくりツリーハウス ……p167
　　自転車ツリーハウス：イーサン・シュスラー……p168
　　天空の手長猿ハウス：Gibbon Experience……p176
　　鳥の巣ホテル：Treehotel……p182
　　木登りツリーハウス：Tree Pods Restaurant……p186
　　しゃぼん玉テント：Bubble Tent……p188
　　空中アクアリウム・テラス：ウッディ・アラン……p190

水木しげるは
ツリーハウス・デザイナー

水木しげるは子どものころ、庭の木の枝に板を渡して「巣」のようなものを作って遊んでいたという。「ぼくにツリーハウスの設計をやらせたら、面白いものを作るよ」といっていた水木しげる。そのバラエティに富んだ鬼太郎ハウスを総まくりしてみよう。

©水木プロ

鬼太郎のツリーハウス
〜水木しげるが半世紀前に描いた木の上の家〜

人間(にんげん)のいない時代(じだい)から、この地球(ちきゅう)に住(す)んでいたのです

人類(じんるい)というわるがしこい者(もの)が出現(しゅつげん)するまではとてものんびりしたくらしでした……

日本でまだツリーハウスという言葉も耳にしない頃、貸本まんが『墓場鬼太郎〈幽霊一家〉』の序文に描かれた最初のツリーハウス。「天地創造」や「ノアの方舟」を連想させるような絵だ。──『妖奇伝』第1集(兎月書房、1960年刊)

戦時中、21歳で南太平洋のパプアニューギニアに出征し、ジャングルをさまよいながら木の霊力に魅せられたことも、鬼太郎の家のデザインに込められているようだ。

©水木プロ

妖しげなシルエットで初登場した鬼太郎の家。母屋といっていいワラ葺きの「円陣の家」は、戦いを終えた鬼太郎がひと休みして霊力を養う場。家の周囲にはぐるりと魔力の防御が堀のように巡らしてある。
　　　　　　——ゲゲゲの鬼太郎1「夜叉」

※以下のコママんがは「水木しげる漫画大全集『ゲゲゲの鬼太郎』1〜3巻」（講談社）より収録

鬼太郎はいろんな場所にツリーハウスを作っている。これは木のてっぺんにワラをかぶせたカラスの巣みたいな小屋。居候しているねずみ男を、目玉おやじが呼びにきたシーン。
　　　　　　——ゲゲゲの鬼太郎1「大怪獣」

円陣の家

家のまわりに「髪の毛草」が生えていて、近づくと、足にからみついてくる。家の中には、「地獄への片道きっぷ」とか「妖怪テレビ」など、奇怪なものがある。

木を柱にして組み立ててある。

階段→

鬼太郎の庭

髪の毛草

鬼太郎は、ふつうの人には想像もつかない家や別荘をもっている。各地を旅したときに利用する宿屋や、かくれ家があり、どれも、ふつうの人にはとても住めそうもない。

「円陣の家」は泥沼に浮かぶ島に生えた木に作られている。庭の周りを足にからみつく「髪の毛草」で守り、室内には鬼太郎特製の奇怪な品が持ち込まれている。──ゲゲゲの鬼太郎２（鬼太郎のかくれ家総まくり）

「円陣の家」にやってきた殺し屋とやくざ。──ゲゲゲの鬼太郎１「地獄流し」

©水木プロ

みの虫小屋

鬼太郎が北国を旅行したときに泊まった小屋。みのにおおわれているので、とても暖かい。

「みの虫小屋」は立ち枯れた細い木にカマキリの巣のようにかけられている。茅(かや)で葺かれて、雪が降っても快適に過ごせそうなツリーハウスだ。ちなみに、みの虫は木の枝や葉を糸でつないで袋を作り、その中に潜んでいる。「みの(蓑)」とは、雨や雪をしのぐ日本古来の雨ガッパのこと。

――ゲゲゲの鬼太郎2『鬼太郎のかくれ家総まくり』

障子窓がはめこまれた「みの虫小屋」は、のどかな日本的な風情。軒には干し柿も吊るされ、なんとも居心地がよさそうだ。

――ゲゲゲの鬼太郎3『ダイヤモンド妖怪』

野原にひょろりと立つ曲がりくねった木にかけられた小屋……なにやら全体が妖怪めいた佇まいだが、この話のタイトル「妖怪獣」をイメージしたものだろう。キノコがお辞儀しているように見えるが、この家に入るには、幹をよじ登り枝を伝って床下から入るしかない？　　——ゲゲゲの鬼太郎2「妖怪獣」

これは別荘だからか、ちょっとモダンなデザインだ。屋根の葉っぱがきれいに刈り込まれ、パラソルを開いたようだ。木の上にのせられた家ではなく、幹をくりぬいて部屋をこしらえ、ドアと窓をはめこんでいる。この発想はもう"ハウスツリー"といっていい。
——ゲゲゲの鬼太郎3「妖怪軍団・前編」

若い頃から建築にひとかたならぬ興味をもっていた水木しげるは、建築雑誌を愛読し、旅先で面白い建物を見つけるとカメラにおさめていたという。
鬼太郎ハウスにはどれも違った趣向と遊びが見られ、日本のツリーハウス・デザイナーの先駆けといっていい。

参考資料：『ツリーハウスブック』
(BE-PAL OUTING MOOK 小学館 1997年刊)

これは鬼太郎の家ではない。イビキをかいているのは北陸の山中に住む「あまめはぎ」という妖怪。鬼太郎にこま回しの試合を挑む。
——ゲゲゲの鬼太郎3「こま妖怪」

東京都調布市深大寺の「鬼太郎茶屋」の上にはこんなツリーハウスが……　　写真：鬼太郎茶屋

写真：水木しげる記念館

　水木しげる記念館（鳥取県境港市）の庭にある鬼太郎の家とポスト。案内板にはこう記されている──
「鬼太郎は、ゲゲゲの森をはじめ日本各地にいくつかの住まいをもっています。この家は木の上に作られ、中にはいろいろな秘密があります。
〈ふとん〉地獄に生えている電木の葉で作られており、鬼太郎以外の者が触れるとしびれる。
〈虫かご〉家のまわりに侵入者があると虫たちが鬼太郎に危険を知らせる。ふだんは虫の音楽を部屋に響かせている。
〈妖怪ランプ〉つるべ火を１カ月にパン一切れで雇っている。冬はストーブの代わりにもなる。
〈霊界テレビ〉霊波によって受信されるテレビ。この世とは別の世界が見られる。」

写真：やんばる学びの森

　映画『ゲゲゲの鬼太郎・千年呪い歌』(2008年7月公開)の撮影で沖縄本島北部、国頭村の伊江川の河原に造られた鬼太郎の家。

　撮影終了後、この「やんばる学びの森」に移築され、当時はハウス内で「鬼太郎カフェ」を営業し、かき氷やシークヮーサー・ジュースなども出していた。

　鬼太郎はいろんなところに別荘を持っているが、これは簡素な木の上の家ではなく、高床式のお屋敷だ。室内は3LDK、ねずみ男も同居しているという設定だ。

　壁は国頭村に昔から伝わる竹編みの「ちぬぶ壁」、屋根も地元の茅葺きを用いている。台風で吹き飛ばされて葺き替えているという。今も密林にひっそりとたたずみ、鬼太郎が住んでいるかのようだ。

東北に100のツリーハウスを！
~糸井重里の呼びかけで夢のプロジェクト~

気仙沼市唐桑町の「No.004」

新しい観光と好奇心の旗印

「気仙沼は山から見下ろす海もすごくきれいなんです。」
　震災後、糸井重里さんとの会話から「東北に100のツリーハウスをつくる」計画が生まれ、2013年10月に気仙沼で「東北ツリーハウス観光協会」を設立し、現在7つめの制作を進めています。
　僕はもともと美術作家で、ツリーハウスは見たこともつくったこともありませんでしたが、被災した街で人々の連帯する力の大きさを感じ、未知の経験と好奇心を信じてみようという気持ちがありました。
　やがて東北の各地に30棟……50棟とツリーハウスができていけば、一緒につくろうよ、遊びにおいでよ、100棟も夢じゃないんだよと、世界中の人たちに呼びかけることができる。それに応えるように訪れる人たちが増えてくる。ツリーハウスが旗印となり、そこに人が集まり、いつしか東北が新しい観光の育つ場所になればいいなと考えています。

　　　　　東北ツリーハウス観光協会・斉藤道有

「No.000」にて

つくろうって、約束したじゃない。

糸井重里

　こどものころに、「ツリーハウス」をつくろうとしたことがあるかと質問されたら、ほとんどの人たちは、「あった」と答えると思う。そして、実際につくったことがあるという人は、ほとんどいない。

　少年少女たちにとって、樹の上の秘密基地とは、さんざん語りあうばかりの夢であり、それは夢のまま遠ざかってしまう約束なのだ。つくれるかもしれない、と夢想し、いざ実際につくろうかと思うと、どうしていいかわからなくなる逃げ水のような憧れ。それは大人になってからも、果たせなかった約束としてこころの底に残ったままである。

　こどものときのみんなの夢だった「ツリーハウス」をつくろうという約束を、大人になったから果たそうじゃないかというのが、『東北ツリーハウス観光協会』の原点だ。「現実になった夢」を、100つくろうという企画。「ああ、これだよこれだ！」という人たちが、いくつもの「ツリーハウス」を巡礼のように見て回り、こどものときのまなざしを取り戻す。

　このとき、震災の被害を受けた土地が、どこよりもうらやましい「夢をほんとにした人たちの場所」になるのだと思う。

東北ツリーハウス観光協会が初めて制作したツリーハウスは『トム・ソーヤーの冒険』にちなみ、「トムの家」と名付けました。それは気仙沼市内から車で25分、徳仙丈という景勝地の登山口付近にあります。通称「0号」と呼ばれるこのツリーハウスは、4名のビルダーを中心に、制作方法を現場で学びながら進められ、ツリーハウス部員と呼ばれるボランティアも多く参加しました。完成したツリーハウスは冒険少年の秘密基地のような雰囲気です。

小さなステップから梯子を上がると、漁具や流木で飾られたゲートを通り、足を投げだして座れる窓や、流木のテーブルやイスがあります。壁は地域内から集められた廃材が使われ、見た目にもユニークなデザインです。最上階は屋根はなく、木製の滑車で小さな荷物を上げ下げしたり、傘布をパッチワークしたタープが木漏れ日を映し込み、風が通る気持ちよい空間となっています。

すべてはこのシナの木から始まった

マーク・トウェインの原作（1876年）のように、子どもたちがガラクタを拾い集めて作ったような佇まい。梯子の下のテラスは、近くの民家に眠っていた古い荷馬車の車輪

枝の上から鳥の目で屋上
テラスを見下ろすと

気仙沼の南西10km、みちのくの深い森に生えるシナの大木に作られた冒険の小屋

No.001
DEKITA HOUSE
宮城県気仙沼市徳仙丈

制作：河野健太郎、河野伸太郎、手嶋秀明、山口 靖雄 ＆ ツリーハウス部員

　徳仙丈で No.000 と同時制作され、「トムの家」よりも先に「できた！」ので、「デキタハウス」と名付けられました。徳仙丈は全国有数のツツジの名所で、5 月中旬から 6 月にかけて鮮やかなピンク色に囲まれる素敵なツリーハウスです。ホストツリーの周囲に柱を立てた高床式の小屋には、斜面を利用したスロープから誰でも歩いて登れます。

　廃校となった小学校から譲り受けた材料を生かして、懐かしい教室のような雰囲気も魅力です。目の前には 8m×8m のウッドデッキを併設し、普段使いのピクニックやイベント時の舞台としても活躍します。

親子で巣箱づくりの体験イベント。お好みの色を小鳥たちに選んでもらおう

ツツジが咲き誇る入口のテラスで雑談カフェ

廃校になった小学校から机や椅子、黒板などを調達してきて山の分校風に。なるべく窓をたくさん付けて緑の明かりを取り込むうちに、黒板にまで窓を開けていたのでした！

No.002
KUKUNOCHI

岩手県一関市藤沢町

制作：伊藤清司、及川清志、
千葉達男、橋本華恵、三浦史朗

　岩手県一関市の館ケ森アーク牧場内にある大きなケヤキに作られた、シンボリックな階段状のツリーハウスです。
　その名称は公募から日本の神話『古事記』『日本書紀』に記された木の神「ククノチ」にちなんで名付けられました。
　手すりには周辺の海岸から集められた流木が使われ、展望台まで登ると広大な牧場の敷地が一望できます。
　ツリーハウスの階段テラスの下には広いウッドデッキ・スペースがあり、たくさんの人がその場所に集まってイベントも開催できます。
　館ケ森アーク牧場の敷地内では、動物とふれあったり、フラワーガーデンやレストランもあって、1日ゆっくりと楽しむことができます。

一関市の南東20km、北上川からもほど近い。
桜の季節にはチューリップの絨毯も敷かれて

下のウッドデッキから、4つの階段テラスを登って最上階へという宮殿のような形状

冬にはぐるりと銀世界のパノラマを見渡せる「雪の展望台」に

地鎮祭

蛤浜を見下ろすケヤキの木に決めた！

石巻駅から車で20分、牡鹿半島の付け根に位置する蛤浜（はまぐりはま）の入口に作られた可愛いツリーハウスです。震災後、浜の再生を願いスタートした「Cafeはまぐり堂」のメンバーを中心に、大勢のボランティアも作業に参加しました。

その名称は、蛤浜の住民「亀山さん」の名前から付けられ、浜のシンボルとなっています。

小屋の壁板は1枚1枚「蛤型」に切って張り、たまに遊び心で奇妙な板も埋め込まれていたり。屋根のてっぺんには、はまぐり堂で飼っている羊をモデルに風見鶏ならぬ「風見羊」を飾り、メルヘン調の心なごむ佇まいになりました。

バス停に寄り添うこのツリーハウスで、海を眺めながらバスを待つのもわるくありません。

また、制作のパートナーとして「Yahoo！基金」から支援を頂きました。

壁の板はすべて蛤をかたどって丸くカットし、ウロコ状に重ねてウッドシングル張りに

「蛤浜」バス停を見下ろしながら「ミヤコーバス」を待つ。2時間に1本だから乗り遅れずに！

定員4人。狭いながらも居心地のいい隠れ家のよう。椅子は廃校になった小学校から頂いた

3号とバス乗り場を渡り廊下でつないでみた。まず地面に津波で壊れた蛤浜の石垣の破片を敷き、その上に板をのせて回廊風にのばした

左から〜蛤浜の住人でCafeオーナーの亀山さん。震災復興ボランティアで石巻にきて居ついたダルちゃん。ツリーハウス・ビルダーの竹内さん

使えるものは何でも利用！ 階段の手すりには浜で拾った流木や木片を用い、屋根はバス停の裏に捨て置かれたブリキの看板を裏返して葺いた。そのてっぺんには「風見羊」

蛤浜を見渡すカフェテラス（上）と夕べの和のたたずまい

3号の脇の階段を浜へ降りると「Cafe はまぐり堂」。震災で残った築100年の古民家をカフェに改装し、浜に笑顔が戻る。カマドで炊いたご飯が美味しい！

No.004
TUNAMARU
宮城県気仙沼市唐桑町

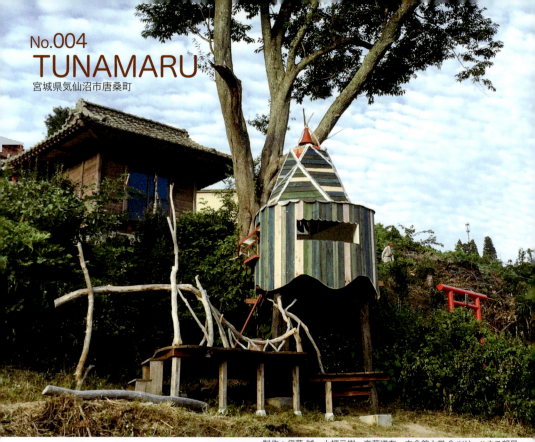

制作：伊藤 誠、小柳元樹、斉藤道有、立命館大学 & ツリーハウス部員

気仙沼の鰹漁や遠洋まぐろ漁の拠点となった鮪立港を見下ろして

鮪立湾を切り取る窓のカンバス

　気仙沼市街から車で30分、唐桑半島の鮪立に作られたツリーハウス「TUNAMARU」。その名の由来は地名の鮪（まぐろ）＝ツナ（TUNA）に船の「丸」を付けたものです。

　鮪立港を見下ろす大きな桜の木のふもとに立つツリーハウスは、海の色を映したストライプの壁板が特徴的です。丸い輪郭のデッキから梯子でのぼると、正面には風景を切り取ったような窓があり、屋根にはステンドグラスのように大漁旗が使われ、てっぺんに取り付けた小さな鐘も鳴らせます。

　ツリーハウスへ向かう八幡神社の石段脇には、津波の石碑とともに、「バードハウスツリー」や、4m×7mのウッドデッキを併設し、お茶をしたりイベントの開催もできます。目の前にある民宿「唐桑御殿つなかん」は、名物女将と寿司職人の料理長を中心に、地域の若者やボランティアなどが集まる場所となっていて、いつも新しい交流が生まれています。

　また、制作のパートナーとして「立命館大学災害復興支援室」の協力のもと、多くの学生が作業に参加しました。

大漁旗に彩られた屋根。天井を見上げると、赤い可愛い鐘が……

昭和八年三月三日、三陸海岸を襲った津波の碑とバードハウスツリー

No.005
MERRY
宮城県気仙沼市落合

制作：伊藤 誠、小柳元樹、斉藤直
有、本間広基 & ツリーハウス部員

屋上の船の舳先

　気仙沼駅から車で約15分、山と清流に囲まれた「廿一（にじゅういち）」と呼ばれる地区の大きなケヤキに作られたツリーハウスです。あたりは美しい棚田が広がり、地酒の酒米が作られています。

　3つの梯子で登るツリーハウスは、美しい枝振りを生かして樹に包まれるような空間づくりをしています。最上階は雲に浮かぶ船のイメージで、海の街らしい個性的な造形や、色とりどりの手すりや壁などが賑やかです。また、高い枝からブランコを吊り下げたり、併設したストライプのウッドデッキもしゃれています。

　すぐそばにある子育てをしながら働けるNPO法人「ピースジャム」の工房は子どもも多く集まり、ツリーハウス完成にあわせてカフェもオープンし、野外で遊びながら軽食やお茶を楽しめます。また、ツリーハウス制作のパートナーとして「Felissimo基金」から支援を頂きました。

屋根にのった船は〈メリー号〉。梯子を登って乗船すれば、樹海をゆく気分

梯子でテラスをたどってハウスへ

屋上のメリー号を建造中

「ピースジャム」の工房の遊び場とカフェ

北海道帯広、上士幌の牧場

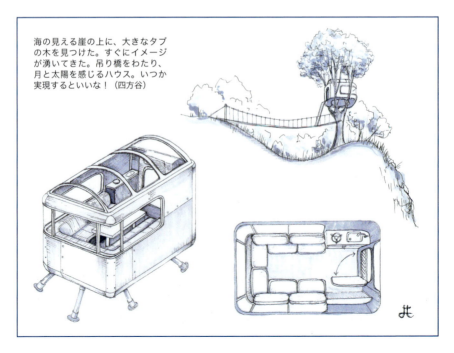

海の見える崖の上に、大きなタブの木を見つけた。すぐにイメージが湧いてきた。吊り橋をわたり、月と太陽を感じるハウス。いつか実現するといいな！（四方谷）

ツリーハウス作家たちの競演
～ものづくりの発想と職人ワザ～
こうして傑作は生まれた！一流ビルダーたちの仕事

沖縄・今帰仁村「琉球の庵」

絵から生まれたツリーハウス

稲垣 豊（1968年生まれ）
群馬県北軽井沢在住／ツリーハウス作家

　私にとってツリーハウスの始まりは、30歳の時に描いた一枚の絵からでした。
　東京の美術学校（多摩美大）を卒業後、群馬県嬬恋村でログハウス・ビルダーとして3年間働きました。その後、北軽井沢にあるオートキャンプ場「スウィートグラス」でアルバイトとして働いていたある日、キャンプ場のオーナー・福嶋氏に、「お客さんが喜んでくれるようなツリーハウスを作りたいんですが」と提案すると、「ツリーハウス？……なんだね、それは？　ゲゲゲの鬼太郎の家みたいなもの？」
　と、聞き返されました。そこで、初めてイメージを絵にして伝えたのです（左）。これが、私にとってツリーハウスの出発点となりました。
　それから10年後、キャンプ場に「トントゥ」（フィンランドの森に棲む妖精）と名付けた初のツリーハウスを制作しました。それを見た人から、「私のところにも作ってください」と依頼され、さらにそれを見た人からも頼まれ、数えてみれば、これまでに約30棟のツリーハウスを作ってきました。
　依頼を受けると、まずは現場を見せてもらい、周りの景色に合ったツリーハウスをイメージします。それから、1枚の絵を描きます。設計図などありません。描いた絵を元に、現場で形にしていきます。
　絵の出来、不出来がツリーハウスに反映されるので、描いている時はかなり気持ちが入り込みます。自分が絵の中で作業しているような感覚になることもしばしばです。
　18年前に描いた絵を見直して思うこと、それは自分が作りたかったのは、たんにツリーハウスだけではなく森にとけこんだファンタジックな世界。そこで、大人も子供も自然を体感しながら遊び、癒される空間を形にしていきたい。
　初めて描いた絵は、今でも理想のツリーハウスです。いつか、あんなロケーションに立つ素晴らしい木とめぐりあい、ツリーハウスをこしらえ、ぼんやりテラスに座って夕陽を眺めたいものです。

絵とそっくりな盆栽を見つけたので、模型を作ってのせてみた。40分の1スケールだが、理想のものに一歩近づけた気がした

トントウ
スウィートグラス

群馬県北軽井沢のオートキャンプ場「スウィートグラス」に2008年春、私が満を持して初めて手がけた夢のツリーハウスです。外観も室内も、おとぎの国で遊んでいるような雰囲気に。

こだわったのは、周りの自然になじむように極力直線を避け、ゆるやかなラインを出すこと。そのため柱や梁（はり）、手すりなどの木材をあちこちの伐採現場から運び集め、各部のイメージに合う形の木を選び出して組み上げました。

ゆるやかな曲線を生かしたファンタジックな小屋

トントゥとはフィンランドの森に棲む小人の妖精。五月の新緑、周りの草木が眩しいほど色鮮やかに輝く

森に浮かぶ舟のツリーハウス（北軽井沢・オートキャンプ場「スウィートグラス」）

キャンプ場内の押際端の森は、天明３年（1783）の浅間山の大噴火により、火砕流が森の際まで押し迫ったのが名前の由来。
　その奇跡的に残った森のなかに、「ノアの方舟」をイメージして舟をかたどったツリーハウスを浮かべてみました。絵本に出てきそうな、遊具のような楽しい小屋……。
　実際、甲板（テラス）の下には、キャンプ場のお客さんから譲ってもらったマホガニー製の小型ヨットをぶら下げました。その舵輪を握れば船長気分が味わえます。風が強いときに乗れば、「ギギィ〜ギギィ〜」と軋み音を響かせてゆっくりと揺れ、ほんとに海に浮かんでいるようです。
　ヨットからハシゴを登って甲板へ上がると、白煙を吐いている浅間山を望めます。さらにてっぺんの鐘つき堂へ登れば、マリンベルを鳴らすこともできます。
　この舟から前述の「トントゥ」へ、吊り橋状の80mの樹上回廊で繋がっています。

秋、紅葉の海を航海する子どもたち

夕暮れ時に明かりを灯すと、いろんな形の窓から光がもれて森の闇に浮き上がる

真冬の銀世界。雪の上を舟が静かに進んでいるような不思議なシーン

そばの清流に姿を見せるカワセミを愛称にしたノッポのツリーハウス（「軽井沢おもちゃ王国」）

「軽井沢おもちゃ王国」に2011年オープンした「わくわく冒険の森」。そのシンボルとなるツリーハウスを作ってほしいという依頼を受けました。

　ツリーハウスは木との出会いで決まります。現場で木を選んでいると、きれいな小川のそばにミズナラの木がそびえていました。この木に出会った瞬間、思わず「ブラボー！」と心のなかで叫びました。根元から4本の太い幹がきれいに分かれています。見上げると、高いところに小屋が作れる空間があります。さっそく絵を描いてみると、これまでで一番高いツリーハウスになりました。カワセミが葦にとまって川を見下ろしているような佇まいです。

　地上からの高さは8mもあり、2つのデッキをつないだ螺旋（らせん）階段をたどって登ります。室内には下を流れるせせらぎの音が響いてきます。夏には、ベランダから美しいカワセミの姿を探す楽しみも……。

森をめぐり歩く吊り橋の途中に作った「きのこの見張り台」。ミズナラの木にニョキニョキと生えたきのこのツリーハウスは子どもたちに人気の遊具

チェリー小舎

埼玉県三芳町で産業廃棄物リサイクル業のかたわら周辺の林の環境整備を行っている石坂産業さんからの依頼で、地域住民の憩いの場、環境学習の場として3棟のツリーハウスを制作（2015年）。その一つ「チェリー」は5,000㎡の花木園（くぬぎの森）の入口に生えている立派な山桜がホストツリー。根元から5本の幹に分かれ、デッキをかけるのに格好の姿をしていました。前の通りからも目立つので、お客様を迎える看板になるでしょう。お花見のシーズンが楽しみです。

すべての枝を生かしたことで、幹がハウスを突き抜けて伸びたように……

森の吊り橋ハウス

山梨県・河口湖にある富士すばるランドの自然体験基地に点在する4棟のツリーハウス（2016年）。それらは自然木を生かした遊具とともに吊り橋でつながっているので、子どもたちは遊びながら森に溶け込めます。

ツリーハウスは毎年1棟のペースで増殖中。併せてこの森にしかない体験コースも増設され、さらに森の世界感が広がっています。

ツリーハウスの2階から樹上に伸びるデッキへつながり、迷路のような楽しみも（2013年制作）

2012年のオープン時に作ったデッキハウス。この螺旋階段が樹上散歩への出発点となる。日暮れて灯される明かりによって、幻想的なメルヘンの世界に誘ってくれる

どんぐり小屋

北軽井沢の学童保育所「どんぐり広場」に通う子どもたちと夏休み親子体験で制作（2012年）。今は子どもたちに手伝ってもらい下のデッキから林へ20m滑走できるジップラインも増設

遊べる別荘

　これは群馬県嬬恋村の静かな別荘地にある岸邸に作ったものです。ご主人から、ミズナラやカエデ、カラマツなどが茂る裏庭を公園のようにしたいので楽しいツリーハウスを作ってほしいと頼まれました。

　根元から3本に分かれた健康そうなミズナラの木があったので、高さ5mのところにデッキを作り、2畳分くらいのハウスをのせました。

　手すりは安全性が第一なので、いつもニレの木を使っています。固くて加工が大変ですが、そのぶん耐久性に優れているので、私にとって欠かせない材料です。いつも伐採現場から譲ってもらいますが、あまり出ないので確保するのに苦労しています。

　木々の間を渡る吊り橋や丸太の一本橋も設けました。ツリーハウス下のデッキからは、子どもたちに人気の林間を滑走する50mのジップラインを取り付けて、近隣の人も遊べる憩いの場になっています。

自宅の庭に立つ３本のニレの木。
屋根に登り９ｍの高さから撮影

いつか、我が家に……
うちの裏庭にこんなのを作ったら面白い……と妄想しながら描いた絵。
眺めているうち、「いつか2人の息子と一緒に〜」などと目論んでいる

フジヤマ・ロッヂ

制作：竹内友一（1974年生まれ。「ツリーヘッズ」主宰）
山梨県富士吉田市

東京で起業した四国出身の知人から、自然豊かな故郷にはなかなか帰れないので、近郊に子どもの頃からの夢だったツリーハウスを作ってほしいと頼まれた。

その願いを叶えるため、都心から1時間半の富士山北麓に土地と木を探して半年、2本のヒノキと巡りあった。谷間で森に囲まれ、風当たりも強くない。

依頼人を伴ってやって来たとき、ふいに射し込んだ陽光がヒノキを美しく浮かび上がらせ、不思議な縁を感じたものだ。

ツリーハウスのデッキは地上4m、2本のヒノキの間隔は約3m。冬は雪深い山麓なので、防寒のため木を室内に通さないことにした。急な梯子を登るとデッキの床に跳ね上げ式の扉。それを持ち上げて玄関前のポーチに出たら、靴を脱いで室内へ。手前のヒノキは玄関の横に出し、隣接する左の出っ張りに小さなキッチンを設けた。

屋根の上に煙突のような2つの箱。木が突き抜けて見た目に楽しく、横から降り込む雨も防いでいる

大人基準にしたので、一気に4mを登るダイナミックな梯子に。
ハウスの下には何もないから浮遊感はハンパない！

メインの制作スタッフは木こり、彫刻家、木工作家、何でも屋の4人。大工はいない

壁を立ててから思いつくまま内装の絵を描き、その絵に合わせて
窓や建具などを手づくりした。左が玄関、右奥がミニ・キッチン

梯子でいちいち荷物を運ぶのは大変だから、両開きの窓の外に滑車を付けてカゴを吊るした。このツルベ式昇降機は大受け！

梯子を登って玄関へ。大きなガラスドアが室内に美しい山間の眺望を取り込んでくれる

冬でも屋根に雪が積もりにくいのは、ヒノキの枝が雪を受けて振り落としてくれるから。樹冠も屋根の一部として機能している

KIITOS キートス

制作:ツリーヘッズ

山梨県富士吉田市・ピカ富士吉田

「KIITOS」とはフィンランド語で「ありがとう」。北欧の針葉樹林を思わす美しい森に、人が集まってくれることを願って作ったシンボリックな青い小屋。コテージが建ち並ぶキャンプ場の中心に、すらりと高く伸びる6本のアカマツを取り込んで細長いツリーハウスをこしらえた。この空間は雨の日でも子どもたちの遊び場となっている。

ハウスの下にテラス状の階段を差し入れて、下部は赤く塗って回廊のようにした。すると小さな子どもたちは、階段を登って降りて、回廊のようなトンネルをくぐり、遊具のようにぐるぐる回って遊んでいる。少し大きい子は2階のテラスへ梯子で登り、上の廊下を周回できるという遊びの館だ。

地面から2階のテラスまでの高さは4m。
そこに立つと目線の高さは5m以上になる
から、ちょっとした展望台になっている

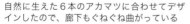

自然に生えた6本のアカマツに合わせてデザ
インしたので、廊下もぐねぐね曲がっている

一番星ハウス
制作：ツリーヘッズ
千葉県市原市・一番星ヴィレッジ

東京ドーム13個分という広大な家畜用の牧草地に、夏期限定のキャンプ場が設けられている。そこには2本の美しいケヤキが立っていた。1つはライブステージにもなるシンボルツリーに。対面するように生えていたもう1つの方にツリーハウスを作ることになった。「夢は手を使って叶えるもの。経験は知識より何倍も大事だから、子どもたちにもツリーハウスづくりを見せてやってほしい」との依頼で制作開始。

　夕暮れに一番星を見つけられるように、小屋はあえて木の中心を外し、2本の丸太で支えることにした。それは古い電信柱、牧場のオーナーが保管していたものだ。

　材料は廃材など身近に余っているものを利用。子どもの頃にそこら辺に転がっている物で作った秘密基地のように。

　ハウスの形は、木の幹にぎりぎり接近させた際の枝のカーブをそのままトレース。そのカーブを反対側にもコピーして、かまぼこ型にした。よって、このツリーハウスを作るにあたり、生きた枝は1本も伐っていない。

日が傾いて、もうじき夕暮れ。一番星を一番に見つけたい子どもたち

提供いただいた古い電信柱を支柱に

枝の曲がりに合わせてハウスの型取り

かまぼこ型の原型を、いったん木の上で仮組みしてみた。窓の位置を決めてからそのまま吊り降ろし、地面の上で小屋作りに取りかかる

輸入品の梱包用木材を処分前に引き取り、壁に利用（釘抜きに苦労するが）。側面の黄色い壁もコンクリートの型枠の廃材。床は古い足場板。それ以外は千葉県産のスギを使用

完成したハウスは幹の高い位置に複数の滑車を付けて吊り上げた。窓は友人のログハウスのお古だが、長い風雨に耐えて味わい深い色になり、ほかの古材とみごとに調和。最後に木製の螺旋階段を付ければ完成！

幹の門を抜けてポーチへ

室内は、古びた外観とはガラリと変えて真っ白に！　小さな空間だが外光だけで明るく、昼は絶景ビューを、夜は星座を眺めるもよし

流木ツリーハウス
制作：川田昌幸（1968年生まれ）
内装業＆ツリーハウス・ビルダー

　これまで10棟ほどのツリーハウス制作に関わりましたが、本物を作る前にまずミニチュア模型で試作します。デザインを具体化できるし、材料や作業工程の目安をつけるために。

　模型のホストツリーには流木を用います。東京湾などで拾った流木でインテリアを作る際、ミニ・ツリーハウスに適した枝が残るからです。ときには海草のからみついた流木を見つけて、モシャモシャの「海草ハウス」にしてみたり（右）。

　模型の高さは30〜40cm、ハウスの大きさはタテ・ヨコ10cm〜15cmくらいです。模型とはいえ、作っている時は本物の作業と同じく真剣そのものです。いつも夜中までゴソゴソやっているので、それを見て育った小学生の娘も、最近、流木ハウスを作り始めました（下）。なんだか秘密基地を作っているように楽しげです。やはりカエルの子かな？

三浦半島・葉山の海岸で拾った流木。空洞を作り、窓枠をはめると……

小学3年生の娘が作った流木ツリーハウス。左からキノコの家（紙粘土）、サイコロの家（木）、繭の家（針金を巻き豆電球の照明）。質問されたら助言するだけの「親子ツリーハウス教室」

　右の新作は、いつか作りたい理想のツリーハウス、螺旋階段は欠かせません。「木と共に在る」というのが大切なので、アプローチで幹の周りを回りながら、木肌を触って対話しながら登る……。

　屋根は銅板葺きで、やや神社仏閣風。壁は大好きなレッドシダーのシダーシェイク。その壁を外側に傾けてあるので、樹の上から自然に下が眺められて気持ちいいでしょう。

　そして傾いた窓からカゴを垂らせば、下からビールや食べ物、忘れ物などを届けてもらうのも簡単です。

　楽しい秘密基地になりそうですが、冬には薪ストーブも焚きたいですね。地上5mの高さで、火を見ながら晩酌なんて至福の時です。……こんな妄想をするのに模型作りは最適です。

左側の屋根を30度くらい斜めにカットすると、面白い表情が生まれた。窓やドアもハウスの形に合わせて変形させたり、自由に作りたい

南伊勢で初めて作った地上10mのツリーハウス

「あっ、できますよ！」
から始まった

四方谷　毅（よもや）（1973年生まれ。作庭家）
四方谷礼子（1976年生まれ。鍛造作家）

三重県南伊勢町＆津市在住

河口湖の別荘（2010年）

　2002年春、地元の三重県・南伊勢にあるキャンプ場の支配人から「ツリーハウスが欲しいんだけど、できる？」と聞かれ、思わず「あっ、できますよ！」と即答してしまった。当時29歳、大工経験もナシ。庭師として林業にも携わり樹木の知識はあるものの、ツリーハウスなんて未知の世界。だが、予期せぬオモロイ話に後先考えずに引き受けた。

　選んだ木は海を見下ろす丘の斜面にそびえるスダジイの大木。6本に分かれた幹の上にのっかる小屋の絵が浮かんでいた。作るなら高いやつがいい、見晴らしもいいし……。

　幸い、一緒に作る相棒の親父さんが大工だったので、古い道具を拝借した。二人とも木登りが得意だったから、地上10mでも命綱はナシ。ヒヤヒヤしながら、梁を掛け、床を張り、アプローチは斜面から吊り橋を架けた。室内は約3畳と小さかったが、眼下には美しい五ヶ所湾のリアス式海岸が広がっていた。

　その後、小林　崇氏と一緒に日本各地にツリーハウスを作って廻った。結婚後2005年から妻（金属加工アーティスト）と二人三脚で創作活動を開始、これまで数々の空間をデザインし制作してきたが、今後もツリーハウスに限らず、美しくて心地よく、ワクワクするような空間なら何でもつくりたい。いずれモバイルハウスやハウスボート、崖の家やアートデレクションにも、「あっ、できますよ！」の冒険心で挑戦したい。

　下記の新作6棟はどれも、「これまでに無いものを！」の意気込みで作った。ご笑覧ください。

「琉球の庵」の屋根に登って（2011年）

北海道帯広、上士幌町ナイタイ牧場（2006年）
（CM企画：小林氏の制作スタッフで参加）

ヤシ子
Dancing Yashiko
制作：よも夫婦 & EXILE ÜSA

EXILE ÜSA の夢を叶える……
ヤシの木に実る DJ ブース

　EXILE ÜSA が企画するプロジェクト「ダンスアース」。サーファーが世界の波に乗りに行くように、ダンサーとして世界のリズムをノリこなしたい。そんな夢を抱いて世界を旅する ÜSA は、人種や文化、世代を越えたダンスセッションを DVD や本、舞台などを通じて発信しつづけている。

　その ÜSA が、新たなダンスシーンを創りだす面白い仕掛けを温めていた……。

　僕ら夫婦が ÜSA に出会ったのは、亡くなった仲間の意思を継ぐ者として、故人に代わってツリーハウスを作ってほしいと頼まれたからだ。しかも、ÜSA のライフスタイルのシンボルになるような面白い DJ ブースを作ってほしいとのこと。

　これまでいろんなツリーハウスを作ってきたけれど、確かにこれは面白くなりそうなミッションだった。

制作前に描いたデザイン画

ÜSAからツリーハウスへの憧れをあれこれ聞くうちに、「ヤシの木が好きだから何本か植えて、その間にミラーボールみたいなのを吊るしてはどうだろう」といいだした。さらに話は弾み、『ドラゴンボール』が好きだから鳥山明ワールドみたいな感じもいいね、なんて雑談も交えながら少年のように話すÜSA……。そんな夢のプランを聞いた後、
「それじゃ、なにかオモロイやつを考えるよ」
「はい、ぶっ飛んだのをお願いします！」
と、僕らは握手を交わして別れた。

九州から取り寄せたワシントヤシ。植えて3カ月様子を見て無事に根付いたのを確認して作戦開始

さて、どんなもんを作るか？ 幾つか絵を描いてみたが、相方の妻・礼子から、
「そんなん面白くない！」「もっとほかと違うもんを！」「ずば抜けた何かが欲しい！」と、駄目出しの日々が続いた。

ある日のこと、アンティーク家具のコレクターの友人宅を訪れたとき、礼子が「これや！」と叫んだ。「ん？ 何がコレなん？」というと、天井からぶら下がった楕円形のミラーボールを指差し、「コレがアレや、ÜSAのアレや。こんなん作ろう！」

いつも基本コンセプトを妻が、実現化の作戦を立てるのは僕、という分業でやっている。

なるほど……オモロイかもしれん。ようやく形が見えてきた。ミラーボールの中にÜSAを乗せ、ダンスシーンを世界に発信するツリーハウス。イメージ絵を描き上げて、作戦開始！

DJブースの下部の床は「ドンブリ」と呼んでいた。これをヤシの根元で組み立ててセッティング。

次に、「足」(ユンボのアーム)をドンブリの下部に取り付ける。苦労して手に入れたユンボはKOMATSU・PC30の中古。アーム(腕)を3本使って、今にも踊りだしそうな「足」にした

この日は上棟式。忙しいスケジュールの合間をぬってÜSAも現場に駆けつけ、一緒に作業する

　まずはヤシの木を植えることから始まった。ヤシにブースをぶら下げるのは無理だから、自立式にした。支える足は宇宙船みたいにメカっぽくしたかった。そこでユンボ(ショベルカー)のブームを用いて3本足にした。その上にミラーボールをのっける。でも、どうやって中に乗り込む？ 入口がウィ〜ンと開いて搭乗できたら最高やけどな〜と絵の妄想はふくらんだ。が、いざ作るとなると、これまた難問！ しかし、やるしかない！

ドンブリ構造を水平にゆっくりと持ち上げて……油圧シリンダーで足に固定する。
取り付けたドンブリに登り、早くも DJ ポーズをとってはしゃぐ ÜSA と棟梁よも

さて、問題はブースの上部だ。ここがDJルームとなる。ヤシの木を真ん中に通すから、機能的な空間にし、窓と入口を付けて、電気系統などいろんな細工が必要となる。
　まずは、いちばん目立つミラーボール状の丸い壁面にとりかかる。
　いろんな分野の仲間に声をかけ、相談にのってもらい、材料を吟味した。北海道から沖縄まで、気の合う職人仲間が集まってくれた。ありがたい！

DJブースの上半分を木材でドーム状に組む

妻は良き相方であり良きライバル。2人で壁の曲面に平板を打ち付け作業中

平板の上から、銀色に輝くアクリル・ミラーをタイルのように貼って壁面を作る。その数なんと600枚！ すべて設計助手のアズと仲間たちが1枚ずつカッターで切って貼りつけた。アズは全行程を撮ってくれたカメラマンでもある

窓はアクリルのキャノピーに。湾曲しているので木材を接着した木塊から、チェーンソーで削り出す。ここは北海道から召集したログハウス・ビルダー、ヒデちゃんの出番!

できた型を大阪の工場へ送り、アクリル板を熱加工してプレス、1週間後、美しく湾曲した5枚のキャノピーが送られてきた。

さっそくを取り付けて、蝶番1つで開閉させる。安定性をもたせるため油圧シリンダを左右に取り付けた。

油圧シリンダのおかげで開閉もスムーズに、開いた状態で固定できるようになった

妻は大きなオブジェから小さなジュエリーまで手掛ける鍛造作家。鉄・銀・真鍮・銅などあらゆる金属から作品を生み出すアーティスト。3本足の溶接もお手のもの

沖縄から呼んだ鉄骨建方(高層トビ)のリュウに現場の指揮をとらせた。足の溶接は礼子・ユウタ・リュウの金属チームが担当。三者三様の溶接術でアッという間に足が固定された

6枚の壁面パーツが完成！ いちばん左が出入り口。小型宇宙船が整列したようだ。これを床のドンブリ構造の上に合体させる。はたしてイメージ通りのブースになるか？ 内心ドキドキだった

「さあ、ウサ。ひと休みしたら、壁と窓を取り付けるで〜」「よっしゃ、やりますか〜！」

　陽が西に傾いたころ、いよいよ壁の取り付け作業に取りかかる。待機していたÜSAも作業に加わり、最初の1枚を緊張した面持ちで持ち上げる。1枚ずつ、慎重に吊り上げて、ドンブリ構造の上縁に接着していく。
　次々に光る壁が立ち上がり、ブースが形づくられる。そして、とっぷり日が暮れて、6枚目の壁が最後の空きを埋めて一つに合わさった！
　その瞬間、沸き起こったのは歓声でも拍手でもなく、爆笑だった。
　「なんじゃい、これは！？」と、そのユーモラスな形状にみんな吹き出した。予想以上に可笑しく、美しい仕上がりに満足しながら……。

窓の開閉を確かめ、手を振るÜSA（右）と棟梁よも

それは、地球に舞い降りたUFOのようにも、時空を超えてやってきたタイムマシンのようにも見えて笑えた。
　こうしてハラハラドキドキの1日が終わった。まだ完成には遠いけど、イケる！と確信した。
　DJブースの名は「ヤシ子」と命名した。それは植えたヤシの木の姿が女性的だったから礼子がそう呼んだのが、いつのまにか定着していった。
　空を見上げると、祝福するかのように満月が「ヤシ子」を照らしていた。

宇宙船みたいに、ブースへの乗り降りは開閉式タラップを採用することに

入口の開閉を調整中。動力は12Vバッテリー。開き具合、ハシゴの伸びしろ、扉との連結……試行錯誤をくり返しなんとか完成パーティーに間に合った

電動ウインチによる開閉テスト……ハッチがゆっくりと開いてハシゴが伸びてくる

　ユンボの3本足に、何か象徴的な文字を入れようかと思っていた。ちょうど折よく近くで壁画を描いていたアーティスト「Dragon76」と意気投合し、参加してもらうことになった。
　「英文字を入れて描きましょか？」といわれたので、「地球上の言語でない方がいいな。感性に任せる」
　こうして彼の感性によるダンスアース語が表現された。

　DJブースの内部は木材とガルバニウム鋼板のコントラストを生かし、中央を貫通するヤシの幹。室内は直径2m30cm、天井高は2m50cm。
　DJを含め、乗組員は4〜5人ほど。室内からは太平洋が一望できる。

昇る朝日に照らされるヤシ子の晴れ姿

「依頼者の気持ちを預かって、イメージしたら、形になるまであきらめない。夫婦で活動を始めてから、その気持ちがいっそう強くなった。ヤシ子が完成したとき、「始まる」って全身で感じて、わたしは一瞬、鳥肌と快感に包まれた。自由に発想する快感。まだまだ、これから！」——四方谷礼子

　よも夫婦とのモノづくりはいつも楽しい。頭に浮かんだアイデアを自由に話すと次の打ち合わせで、僕の想像をはるかに超えたとんでもないデザインがあがってくる。今回の作品も宇宙船型ミラーボールDJブース？　なんと言ったらいいかわからない凄いものが出来上がった。ここに子どもたちを招いてキャンプをしている時、僕は「宇宙船が不時着してヤシの木に刺さっちゃったんだよ。」と説明すると、「じゃあこれでどこかに飛び立てるの？」と子どもたちは聞いてきた。その時眺めているうちに僕の夢はさらに膨らんだ。

　このツリーハウスは解体できるから、いろんなところに運んで日本各地にダンスシーンが作れるかも!?　あちこち旅するツリーハウス……。

　天井と床の穴は直径60cmだから、それより細い木なら大丈夫。木によって「スギ子」や「マツ子」になるのかな？

　さあ、ヤシ子、ダンスを届ける旅に出よう！　　　—— EXILE ÜSA

ヤシ子をかたどったエンブレム。世界中からダンサーを呼び、ヤシ子を囲んで心弾むイベントを！

photo：東野唯史、川島博志

キューブ・ハウス
制作:よも夫婦
長野県軽井沢

　自分たちらしいツリーハウスの形を模索しはじめた頃、軽井沢の別荘に「子どもの遊具としてのツリーハウスがほしい」という依頼があった。話してみると、クライアントの趣向はシンプルモダンで、遊び心のある方だった。
　二人で別荘の景観をみて、直感で思いついたのが「キューブ」、好奇心と冒険心をそそる立体迷路だった。
　木材は湿気の多い軽井沢でも耐久性のあるサイプレス（オーストラリア・ヒノキ）を使用。それを市松模様の格子状の立方体に組み、カラマツの木から吊り下げた。

　床の高さは地面から2.5m、屋上の高さは約5m。梯子を登って四角い入口から潜り込んだ室内は、1辺270cmの立体迷路になっていて、ジャングルジムの壁ありバージョン。
　たどった先には2畳分の「大人の遊びの間」を設け、ベンチも据えてみた。

photo：柏木祥治、栗原直樹

真ん中に設置されているのがプラットホーム・デッキ。上の展望テラスへは縄梯子で。下の吊り橋とは梯子でつながっている

体重のかかるステンレス・ワイヤーと補助ロープの微妙な張りぐあいで、速度とブレーキを調整している

　ハウスの総重量は1.8t、骨組みの状態をロープワークによる人力で樹上に持ち上げてワイヤーで固定した。
　迷路を抜けるとキューブの屋上に出られるが、8m離れた林の中に展望テラスがそびえている。その中段に設けられたプラットホーム・デッキまで、ブランコに乗ってジップラインで渡ることができるのだ。さらにそこから別のジップラインでシャーっと地面へ降りられる仕掛けになっている。
　プラットホームから最上階の展望テラス（高さ8m）までは縄梯子で登っていく。
　また、地上からも梯子を登って吊り橋を渡り、プラットホームに登ることができる。

　夜には、格子の間からの漏れる明かりで、ハウス全体が大きな行灯(あんどん)のように浮かびあがる。
　しかも別荘の2階にあるヒノキ風呂は、窓を全開放すれば露天風呂になる。この湯舟に、電気を消して「キューブ」の明かりだけで浸かれば、なんとも風流なひとときが味わえるという、子どもも大人も楽しめるツリーハウス。
　見た目に美しく、機能的で遊具のようなもの……それは依頼人の希望を叶えた、自分たちらしいニュー・モデルとなった。

ヒノキ風呂からキューブと展望テラスを

大井川の中流、不動の滝キャンプ場を改修している大工仲間から連絡があった。
「川のそばにツリーデッキを急ぎで作ってほしい。3日くらいの予定でよろしく」と。

いざ、静岡へ！ 大井川をさかのぼって現場へ向かった。支流に入って、予定されていた木を眺めていると、近くにひときわ目を引く凄い木があった！ 太い幹がぐーんと川面に伸びて吊り橋みたいだ。見つめていた相方の礼子が、「コッチにしよ！ コッチの木じゃないとやらない！」といった。

それは、きれいな渓流の上に反り出た大きな柳の木。川をまたぐ見事な枝ぶりに見とれながらテラスの構想を練り、製作時間は2日半とした。材料は工事で残った木材、サイプレスとケヤキの板を使おう。

二人で木に登ってみると、素晴らしい景色！ 真下には清流……。やっぱりコッチだ！

まず、ロープをかける。運搬用、上り下り用、手すり用。2往復させたスターティック・ロープが全工程の重要な役割を果たす。

まずはデッキの基礎となる梁（ビーム）を取り付ける。木にまたがったり、綱渡りしたりの作業は、ほとんど曲芸に見えたらしい

　床を張るまでは、樹上に1人での作業だった。なにしろ狭くて2人だと身動きが取れないからだ。地上から斜めに張ったロープで樹上に材料を上げた。床ができると2～3人で上に登り、手すり作りに取りかかった。
　テラスは1.2m×80cmの楕円形にした。その上にぐるりと手すり兼ベンチを取り付けた。清流を見下ろす絶景テラスは座り心地も抜群！

さて、川の上に浮くこんなテラスにどうやって上がる？　梯子をかけようかとも思ったが、止めた！　ロープで上がってもらおう。こうして8mの細いロープを1本垂らし、しがみついて登りきった者しかたどりつけない「大人の遊具」となった。眺めて楽しむもよし、よっしゃ！と挑戦するもよし。

試しに仲間の大工2人が試みた。かなり屈強な男たちだが、あと2mのところでまで達したところでギブアップ！

すると礼子が、「わたし、行く」と宣言。みんなが「まぁ無理やろね。フォローしよか」という空気感。そんな視線を浴びながら、グングン登っていく。残り2mも突破して、なんとまあ、登りきった！

一同、呆れながら初登頂者を見上げ、パチパチと拍手喝采だった。そして、「これを登れるくらい腕力のある人は、ここから落ちることはない」という結論にいたった。

photo：川島博志、伊藤正裕

完成！スタッフ総勢6名が乗っても大丈夫。定員4名かな？

琉球の庵
制作：よも夫婦 & 有志一同
沖縄県今帰仁村「ビーチロック・ビレッジ」

　2010年夏、ツリーハウス仲間のトモこと吉田智廣が亡くなった。ビルダーとして軌道に乗りかけた矢先のことだった（享年32歳）。訃報を聞いて、「トモがやり残したことがあるはず。あいつの仕事は俺らが引き継ごう」と夫婦で話しあった。
　通夜の晩、作家で自由人の高橋 歩からこう言われた。「亡くなる直前にトモに伝えたんだ。沖縄におまえらしい趣向のツリーハウスを作ろうって。その晩、亡くなったんだ。その遺志を継いで、彼がライバルと思っていたヨモに作ってほしい」と。
　高橋 歩が沖縄に自給自足のキャンプ場「ビーチロック・ビレッジ」を仲間と作ったとき、トモは初代の建築隊長だった。いつか自分のツリーハウスを沖縄に作りたい……その夢を叶える約束をした日、トモは逝ってしまった。

　トモの想いを受け継ぐと決めたら、空から降ってくるようにアイデアが湧いてきた。侍みたいな男だったから、和風な造りがいいだろう……床は畳で、そう、琉球畳を敷いて、茶室風の庵にしよう。絵を描きながらプランを練っていると、仲間たちからトモに関するキーワードが送られてきた。
　「コロナビール、アントニオ猪木、坂本龍馬、大工道具、鯖江のメガネ」……なるほど、トモが好きだったもの。これをツリーハウスに取り込もう！
　まずは名称。龍馬にゆかりの寺田屋騒動にちなみ、トモの姓から「吉田屋」はどうや？　と仲間に提案すると、満場一致！

にじり口の上に掲げた吉田屋の看板

「トモ祭り」と称した製作中の3週間、全国から100人を超える仲間が集まった。1日平均20人が現場で動くので、樹上デッキ班・ハウス製作班・地上整理班に分かれて作業した。

日本各地に散らばるトモの仲間もこのイベントに参加できるよう、ウッドシングル（屋根を葺く板）を送ってメッセージを書いてもらい、沖縄に集めた。

庵の仕上げ。2畳半ほどの正方形の室内に、正方形の琉球畳を4枚敷いた

けっして広くない室内に床の間を設け、アントニオ猪木の言葉を揮毫した掛け軸を飾った。その下には、遺物の「突き鑿(のみ)」を日本刀のように置いてみた。そして、コロナビールの瓶をランプに加工して天井からぶら下げた。

トモの故郷、福井県鯖江のキーワードも盛り込みたかった。入口の扉の「引き手」を考えていた礼子が、鯖江市の市章「サ」の字をデフォルメして作ってくれた（写真下）。これを2つに分けて、扉の表と裏に付けるのだが、中央の凹みに金属片を埋め込むと、鯖のモザイクができた！

トモが愛用していた突き鑿

鯖江市のマークをデザイン化して作った扉の「引き手」。右は扉の表に付けた引き手。凹みの中に、頭を上にしたサバが……分かるかな？

現場入りする前に作った欄干を飾る「釘隠し」。日本古来のデザインは手裏剣みたいだが、堅木に凹みを彫ってハンマーで叩いて打ち出した

庵の横からのびる40mのジップライン

まもなく完成という頃、トモと親しかった共通の先輩3人に来てもらい、3つの窓の製作をお願いした。誰がどの窓を作るかは、床に書いたアミダクジで決めた。

それぞれの想いを込めてもらい、コンセプトもおまかせした——海を見渡す窓は「閉めても景色が見える」、右側は「伝統的な組木工法で挑戦」、左の丸窓は「陰と陽のタオを表現、あの世とこの世をつなぐ入口」に。こうして出来上がった作品を3面に収めてみると、絶妙の一体感だった。

丸窓を開けると月の光が射し込む

閉めても内側にはヤンバルの風景が。
右の窓は釘を使わない木組み工法

　正面と右の肘掛窓は全開でき、縁側には腰かけられる。地上からの高さ12m、西方には琉球王朝の遺産・今帰仁城を取り巻く原生林、その向こうに広がる東シナ海には伊江島が浮かんでいる。
　谷に突き出た庵は風をもろに受ける。沖縄は台風の通り道だから、みんなに「飛んでしまってもええか?」と聞くと、満場一致で異存なし!だった。毎年3つ以上の台風に見舞われても被害はなかったが、2012年、風速75m(観測史上2番目)の暴風では屋根が飛んだ。すぐに修復され、前より強化されている。

仲間の人生をちょっぴり変えたトモ祭り。
今もトモはみんなのなかに生きている

photo:小海もも子&有志一同

ヤンバルの森の空中、満月が庵を照らす

パン屋の看板

制作：よも夫婦
三重県松阪市

そもそもは「金属でパン屋の看板を作ってほしい」と妻が頼まれた仕事だった。が、打ち合せに行ってみると、すでに鉄製の看板があったので、人目を引くミニ・ツリーハウスを作ろうかと……。そこへ小学生の息子が帰って来て、「どうせなら、入れるようにしてほしいなァ……」とリクエスト。「そうか、じゃあ、兄弟3人で遊べるツリーハウスを作ろうか」となった。

根元が複雑に曲がったこの木は、神樹（しんじゅ）「ニワウルシ」ともいう。英名では「Tree of Heaven（神々の木）」といわれる

室内は高さ80cm、幅60cm、奥行き1m。窓も開けられ、小さい子なら3人は入れる

　屋根は左右非対称。壁も窓もあえて垂直・水平にせず、ふしぎの国の雰囲気に。
「煙突がポイント」と水道のパイプで筒を作り、てっぺんにトンガリ帽をかぶせ、真ん中で折れ曲がったチャーミングな煙突をこしらえた。それにエイジング塗装をほどこした。
　屋根材は、錆びた波トタンをハンマーで叩いて伸ばし、パッチワークのように貼ってみた。そこにカラフルなペンキで「La Nicopan」と店名を書き記した。
　元気な店主の美味しいパンを求め、子ども連れのママさんが沢山やってくる。子どもたちがこの小屋に上がってパンを頬張る姿はとても可愛い。

ヤスオ邸
制作：よも夫婦
三重県津市

ヤスオが描いた絵をもとに、話しあってハウスと4つのデッキを梯子でつないだ

パン屋さんの看板ハウスを写真で見たという友人の息子ヤスオ（5歳）から、「Make me a Treehouse. Please!」と、英語で依頼を受けた。しかも絵まで描いていた！

この世界最年少（？）のツリーハウス・デザイナーを相棒にして、作業も一緒にすることにした。

7月末、採寸のために訪れたヤマモモの木からヒヨドリが飛び立った。木に登ってみると巣があり、のぞくと卵があった。9月半ば、雛が飛び立つのを待って作り始めた。

4つのデッキからなる遊具的なツリーハウス。ハウスにはレッドシダーのクリア材を使用。土台はハードウッド。手すりにはこの家のテーブルに使った栗の辺材を利用した。

屋根のてっぺんに、母屋の屋根に使われている石材でデコレーションを。これは野生の猿が屋根から剥がして放り投げた破片を再利用

猫ちぐら吊りハウス

初めて作ったツリーハウス
〜木の上の"ひとり遊び"〜

「いつか自分で作りたい……」
夢を叶えたビギナーの挑戦

なんじゃもんじゃカフェ

なんじゃもんじゃカフェ
制作:大関耕治(1968年生まれ)
神奈川県横浜市

大きな木とのめぐりあい

　2009年の夏、ぼくはシェアハウスを建てる土地を探していた。若い人たちが同じ屋根の下で楽しく暮らせる素敵な家が作りたかった。

　ネットで見つけた横浜のその土地は、驚きの安さだった。何かの間違いでは？……きっとワケありの場所だろうが、念のため確かめに行った。

　横浜駅から歩いて十数分、丘陵地に昔からの住宅が建ち並び、落ち着いた環境には好感が持てた。階段を登り、路地を曲がると、こんもりと竹やぶが繁り、場違いな大木が1本そびえ立っていた。その緑の固まりは巨大なブロッコリーみたいだ。太い枝をうねらせて高く伸び、緑の傘をいくつも空にかざしている。

　その下の斜面が格安の土地だった。納得！　車は入れず、30度の急斜面、竹やぶの真ん中に巨木がど〜んと生えている。その根はかなり深く、広く張ってるに違いない。たとえ切り倒しても、ブルドーザーもトラックも入れない……。

　これはダメでしょうと思いながら、あらためて大木を見上げた。高さは15mはありそうだ。

この木、なんの木？

樹齢は100年、いや、200年以上かな。ひょっとしたら江戸時代からずっとここに生えているのかも。根元の幹回りは4mくらいありそうだ。いったい何の木だろう？ 根元の周りをぐるりと回ってみると、洞穴みたいな穴が開いていたり、フライパンほどもあるキノコが生えていたり、なんとも神秘的な雰囲気を漂わせている……。

フシギな木だなァと眺めるうち、ふと、「この木にツリーハウスが作れないかな？」と思った。がっしりと逞しい枝っぷり、ちっちゃな小屋をのせたってびくともしないだろう。高台に立っているから眺めもいい。鳥の声を聞きながら昼寝したり、テラスにハンモックを吊って本を読んだり、ギターを弾くのも気分がいいぞ。よし、そうしよう！ と、ツリーハウスなんて作ったこともないくせに、ぼくはこの土地を手に入れる決心をした。

　土地よりもこの木が自分のものになったのが嬉しかった。建築の専門家から、自分の土地にツリーハウスを作るのは自由と聞いて、ひと安心。ご近所に挨拶まわりをしながら、「あの木は、何の木ですかね？」と尋ねてみた。
「さあね、何でしょうね……」と、だれも知らない。
　とりあえず「なんじゃもんじゃの木」と呼ぶことにした。正体不明の珍しい木のことをそう呼んだりするからだ。しかし、よく調べてみると、「なんじゃもんじゃの木」はちゃんと存在した。5月頃に白い花を咲かせるヒトツバタゴ（一つ葉タゴ）という木の俗称だった。
　さらに、葉っぱを植物図鑑と照合したりして、やっと木の正体は「タブの木」と判明した。漢字は「椨」と書く。クスノキ科の常緑高木で、温暖な海岸地に生え、高さは15m以上に達するという。春には黄緑色の小さな花をつけ、葉や枝は芳しい香りがするらしい。
　目の前にそびえるタブの木は、たしかに15m以上ありそうだ。いいね、花が咲き、いい匂いがするんだ……。たぶん大昔、暖かい国から鳥が種を運んできたのだろう。それにしても、こんな都会の住宅街で、よく生き残ったものだ。御神木かとも思ったが、そんな話も聞かないという。
　ともあれ、こうしてぼくの「フシギな木」にツリーハウスを作ることとなった。

タブの花は可憐だが、やがてオレンジ色の鮮やかな実をつける

作業開始！

竹のジャングルを伐採し、床作りに取りかかる。

まずは床のベースとなる根太を、枝に水平に架けていく。しかし水平器を使って床を張っている作業中、冬の冷たい雨がしとしと降り続いた。寒いよ〜！　連日の雨に辛抱たまらず、先に屋根を作ることにした。

大蛇のように枝が曲がりくねったタブの木は、自分の体に腕を巻きつけているみたいだ。うまいことに上方に、屋根の棟木になりそうな枝が横切っていた。これを利用し、垂木を掛けて屋根を葺くことにした。冷たい雨に打たれるのはごめんだから、大急ぎで大ざっぱに作った。　本当なら、床を張ったあと、柱と壁を建ち上げて、その上に屋根をのっけるのが順序だろう。が、先に雨よけの屋根をかぶせた結果、遠くから見ると、床と屋根の2枚のテラスが宙に浮いていた。

床ができるまでは、幹や枝に必死にしがみついて蝉のような格好で作業した。高所恐怖症ではないけれど、さすがに地上10mの木の上は怖い。慎重になるほど体がこわばり、手足が言うことをきかなくなる。そんなときは木に抱きついて、「ぼくの御先祖さまは蝉丸大明神……」と唱えながら、じいっと恐怖心がしずまるのを待つしかなかった。

セミになって、もぞもぞとよじ登る。梯子を使わない方が早かったりする。地下足袋は足裏が木の幹や枝にピタッと吸い付いて重宝した

この頃にはトビ職もさまになってきた。
困るのはトイレがしたくなったとき、
いちいちロープを伝って降りなければ
ならないので、セミが羨ましかった

床を支える根太を組み、その
上に解体屋から仕入れた厚さ
18ミリの床板を張っていく

ツリーテラスでいいじゃない

　なんとか床を張り終えると、木の上の「水平」がいかに安心で居心地がいいか身に染みて分かった。いとおしいほどの床に腹這いになったり、仰向けになって空を仰ぎ見た。もうセミから脱皮して、自然体で作業もできる。床ってすごいなァ、と何度もつぶやいた。

　大木からの眺めは想像以上だった。目の前の枝には鳥たちがやってくる。もともと彼らの縄張りだから、ぼくなんか無視しているようだ。バードウォッチングどころか、こんなに近いと、だんだん鳥の視線になっていく。

　枝の間から青空がのぞき、吹き抜ける風が自然の匂いを運んでくる……。床の上で弁当を食べたり、寝そべって景色を眺めながら休憩していると、もうこれでいいんじゃないの？と思えてくる。壁で囲わない方が木の上にいることを楽しめる。ツリーハウスじゃなくて、ツリーテラスでいいじゃないかと。

　一方で、ここに小屋を作って何か面白いことをしたいという思いも強くなった。さあて、２枚のテラスの間を埋めて、小屋づくりに取りかかるか……。

床張りの途中で、枝を梁にして屋根の垂木を組む。テラスが２枚浮いているようだ。
ツリーハウスは床を張った時が「上棟式」？

宿り木を御神木に

　予期せぬこともしばしば起きる。幹にドリルで穴を開けたとたん、樹液が噴水みたいに吹き出した。水道管でも通っているかと思うほど、幹の中には血管みたいに樹液が流れている。

　また、地面から3ｍのところで太い幹が分かれ、木の又に枯れ葉が溜まっている。下の方は湿り気があり、そこへ鳥が種を運んできたのか、1本の宿り木（寄生木）が生えていた。

　床を作るとき、この小さな木が目障りだった。土台を据えるのにもってこいの場所に生えていたからだ。邪魔だから切ろうかと思ったが、この小木は何年もかけてできた土を養分にして育ち、ぼくが現れるずっと前から生えている。宿り木を間近に見るのは初めてだったし、タブの木が育ての親だと思うと、切るのがためらわれた。

　そんなある日、梯子の掛け方が悪くて枝から外れ、空中に投げ出された。あわてて手を伸ばしてつかんだのがこの小木だった。危うく難を逃れ、命拾い！ 以来、「御神木」とした。ヤドリギ科の常緑低木は高く伸びないから、床の高さをその上1ｍに設定した。そうすれば陽も当たるし、枝も伸ばせるだろうから。

木のてっぺんにカラスの巣を発見！ハンガーやガラクタを拾い集め、先にツリーハウスを作っている先輩だった

カラスに負けじと軽トラで資材集め。あてもなく田舎道を走り、めぼしい材料をもらって廻る。このトタンで壁を作り、屋根を葺いた

床下に御神木の宿り木を祀り、無事故を祈願！

ツリーハウスに設計図は無用。作りながら枝ぶりに合わせて形を決める。地上で作った小屋を吊り上げてのっけるのではなく、木の上で作ってこそツリーハウスだと思っていた。自然の空間をなるべく生かしたかった

水平な床面ができると作業が一気にはかどった

カフェのキッチン窓は拾い物をはめこんだ。右の勝手口は「あわてて飛び出すと命はないぞ！」と棺桶をかたどった

木の上の可笑しなカフェ

　カフェにしようなんて、当初は思ってもいなかった。だいたいド素人にツリーハウスが作れるかどうかも半信半疑だった。
　作業に取りかかって約5か月、行き当たりばったりで材料を集め、夢中で作っているうちに、だんだん形になってきた。それを見ているうち、ツリーハウス・カフェを作りたくなった。
　やるなら一風変わったデザインにしたかった。木の上の変てこりんな喫茶店……。その名も「なんじゃもんじゃカフェ」と決めて、ひとり悦に入っていた。ちょっと怪しげで、正体不明の可笑しなカフェ。それなら、ぼくの地で行けそうだった。見晴らしは文句なしだが、内装もありきたりじゃなく、無国籍風の凝ったインテリアにしたかった。
　さっそく気心の知れた助っ人たちと、カフェのキッチン作りに取りかかった。

室内を突き抜ける幹に階段を埋め込み、屋根裏のロフトへ

ロフトはお座敷カフェに。屋根にアクリル板を張って陽光を取り込む

カフェ・カウンターの天板も拾ってきた板。
バナナ状の曲がりが厨房スペースを決めた

相棒の女性スタッフが作った"あけぼの窓"。
朝日が射すと、ピンクと緑のステンドグラスに

カウンターから見たカフェ店内。枝に沿って三角窓をモザイク状に埋めると、波打つような面白い壁面に。真ん中に太いツルが斜めに走っている。天井に中古のスーザフォンを吊り、中に電球を仕込んで照明に

着工から10か月、まもなく完成の樹上のカフェ。右下の白い小屋は厨房

女性スタッフが試行錯誤を重ねた特製フレンチ・トースト。フライパンの熱々のトーストにアイスクリームをのせ、蜂蜜をかけて召し上がれ

保健所の指導でツリーハウスの下に厨房を作った。そのテラスでメニューの試食会がつづいた

看板はTシャツを固めて作った

もしかしたら……ふたたび？

　オープンすると、街なかに作ったせいか話題を呼び、いろんな雑誌やテレビで取り上げられ、TVドラマの舞台になったりもした。たまたま出会った大木にひと目惚れし、思いつきで作った奇妙なカフェが、こんなにウケるとは思ってもいなかった。

　完成したときは、こんな大遊びにウツツを抜かすなんて一生に一度、もうツリーハウスなんて作らない……と思っていた。ところが4年経った今、困ったことに、また木の上のセミ仕事が恋しくなってきた。たぶん、いろんな素材や拾った廃材で空間を埋めていく「正解のないジグソーパズル」が楽しかったからだ。

　ツリーハウス初体験、ぼくのような素人でも作れたのは、木の幹が土台を、枝が骨組みを用意してくれていたからだ。ぼくは使えそうな枝を選び、思うままに空間を埋めただけ……大きな木で遊ばせてもらったのだ。設計者であるタブの木に感謝！

　もし次に作るとしたら、世界に類のない「なんじゃそれ？ ツリーハウス」に挑戦してみたい。たとえば、「温泉ツリーハウス」なんてどうだろう。木の上の湯舟に浸かれば、きっと♪いい湯だな……おっと、これはオフレコ！ マル秘ということに。

こちらは看板娘

横浜に大雪が降った。店は休みにしたけれど、夕暮れにイルミネーションを灯してみた。白銀の世界にカフェが浮かび上がった

みちのく吊りハウス

北上川のほとりで猫らのツリーハウスを……

絵と文：ゆきんこ（1983年生まれ。農業）

庭の伽羅木は猫たちのジャングルジム

わたしは岩手の田舎育ちですが、小学生の時から高校生のころまで、庭の伽羅木（きゃらぼく）に登って本を読むのが好きでした。

伽羅木は一年じゅう葉っぱが繁ってるから、潜り込んでしまえば外からは見えません（中からは見えます）。とても居心地がよく、しかも枝が網のように張っているのでハンモックみたいに寝そべることができるのです。

20年後の今でもやりたいのですが、重量オーバーで枝がもたないし、女のコ？が人目を忍んで木の中に潜り込むのは、まんず怪しい……。けれども、あのころ本とおやつと水筒を持ち込んで、猫らと木の上で過ごした時間が忘れられません。絵を描いてひとり愉しんでおりますが、大人になった今こそツリーハウスが作れそうな気がします。

たぶん、原点は小学生のころ遊んだ秘密基地です。わが家は農家ですが、ひと昔前は刈り終えた稲束を、木のやぐらにかけて乾燥させるのが秋の風物詩でした。

その季節、子どもたちは男の子も女の子も一緒になって、落ちているくず藁（わら）を拾い集めます。それを持ち寄って、地面に差し込んだ笹の骨組みにかぶせ、笹テントの秘密基地を作るのです。でも、これを畑や田んぼに設営すると大人に見つかり、「こんな変な物をこしらえて邪魔だべじゃ！」と、すぐに立ち退きを命じられます。なので、見つかりにくい場所にひっそりと作らないと……。蓑虫みたいに木にぶら下げようかな？ 大人はあまり上を見て歩かないから安全かも？ うまく吊り下げることができたら、目立たない縄ばしごで出入りしよう、などと妄想したものです。

また小学五年生の時、クラスで大きな鳥の巣を作ったことがあります。校庭の大木に、タテ1.5m、ヨコ40cmもある巣箱を高さ2mのところにかけましたが、いつまで待っても鳥はやってこず、結局、リスのツリーハウスになってしまいました。

伽羅木ツリーテラスのイメージ絵。赤い実と猫に囲まれ寝そべり読書

　その後も、わたしの夢は覚めやらず、おとなになっても枝ぶりのいい木を見かけると、「作れそう」と思ってしまう。
　そんなある日、「猫ちぐら」をネットで見かけました。ちぐら（稚座）とは東北の方言で、昔は農作業をしてる間、赤ん坊を入れておいた藁カゴのことです。これをヒントに、高いとこ大好き猫らのためにツリーハウスを作ってみることに。さっそく絵を描いてみました。初めは壁に木の皮を巻き、つる草の屋根をかぶせようと思いましたが、「やっぱ、ちぐらは藁でしょう」と思い直しました。
　材料は板材と縄のロープと藁だけです。作業を始めると猫らは興味津々、たぶん遊具を作ってるんじゃないか？という視線を感じながら、夜なべ仕事で3日で完成！　今や満員御礼の超人気アトラクションに〜。（作り方は次ページ）

床と天井の丸板と6本の柱。縄ロープで壁を作る

【ちぐら吊りハウスの作り方】定員2匹

吊り紐 / 天井板 / 柱 / 床

1. 床と天井を6本の柱で固定。ボンドで接着し、乾いたらL字金具で補強する。
2. 天井と床の四隅に、吊り紐を通す小穴を開ける。
3. 天井に猫の頭大の丸い穴を開け、ロフトを作る。
4. 入口を決め、縄ロープを巻いて壁を作る。爪研ぎによる隙間防止のため縦糸で補強する。
5. 吊り紐(2本)を小穴に通し、天井板の上に三角形ができるように結ぶ。
6. 三角形の上に藁を扇状に葺いて、屋根を作る。先端を紐のコブの上で結ぶ。
7. 屋根を補強するため、内側に藁を均等に差し込む。二重の屋根笠ができたら、糸で編み合わせて、完成です！

床に縄を巻いて接着すると……

表：玄関

裏：ロフト

屋外用と室内用の2つ作りましたが、室内用は爪研ぎの被害を受けて3か月でボロボロに……

　次はいよいよ人間用かなと、うずうずしています。じつはもう「蓑笠小屋」と
「雪んこ小屋」のイメージはできているのです。2つ並んだペア・吊りハウスがい
いかなぁと……。できれば、ここらへんの子どもらと一緒に作りたいですね。

小楢ハウス

制作：小形 究（1975年生まれ。大工）
神奈川県茅ヶ崎市　KONARA HOUSE

　ここはコナラ（小楢）やクヌギ（櫟）が生い茂る雑木林でしたが、それは長年探し続けてようやく巡りあえた理想の土地でした。
　敷地の真ん中に、ひときわ高くコナラが繁っていたので、この木をシンボルに「コナラハウス」社を立ち上げました。
　そしてロゴを作る際、自然と寄り添う住まいをテーマにデザインすると、ツリーハウスになってしまいました。
　こんなロゴにした以上、本物を作らないと話にならない？ そう思って、ツリーハウス造りの勉強を始めました。大工とはいえ、ツリーハウスは別世界の夢のお話。日本の関連本は少ないので洋書まで買い漁り、実物のツリーハウスを見学するため、あちこちに足を運びました。
　毎日、庭のコナラを見上げて構想を練り、想像をふくらませるうち、いつしか3年の時が経っていました。

自分の夢は子どもたちの夢も叶えることに。
超ロング・ブランコはジップライン感覚で

　そして設計図とはいえないスケッチ画を描いて、いよいよ制作開始。ツリーハウスの床の高さは地上7mに設定し、床面積は2畳ほど。地上で作ったパネルをロープで引き上げ、高さ3mの小屋を組みました。しかし7mの高さをいちいち梯子を登っての作業は大変。途中で高さ4mのテラスを作り、そこを階上の作業場にしました。最初にこのテラスを作っておけば、もっと楽だったのにと後悔しました。
　屋根と壁の仕上げはウッドシングルを張りつけ、本業の合間を見つけての作業は、完成まで約3か月かかりました。

広さは182cm×182cmの2畳だが、ベッドも設えた

目覚めると雪……さっそく登る！

　ツリーハウスは雨にも風にも負けず約2年間コナラの木の上にありました。
　ところが、ある日、木の幹から木くずが出るようになりました。原因はテッポウムシでした。
　元気がなくなった木を守るため、やむなくツリーハウスを下ろす決断をしました。なにしろ、我が家にとっては御神木(ごしんぼく)のようなものですから。木の大きさに対してハウスが少し大きかったので負担をかけたのかもしれません。
　解体して下ろしたツリーハウスがもったいない！そこで、横の山の斜面に柱を立て、移築することにしました。こんどは傾斜に建つツリーハウスです。
　ポーチとテラスを追加して、8畳の広さになりました。ハウスへはロープで作った吊り橋を渡って入ります。
　室内は子どもたちの好きな色、ブルーを基調にしたインテリアでまとめました。そして天井から可愛らしいシャンデリアとペーパーボンボンを吊るし、絵本のような子どもたちの遊び小屋に生まれ変わりました。

山の斜面を見下ろすテラスと子どもの遊び小屋には、いつも野鳥の鳴き声が……

人間の巣

制作：村田弘志（1961年生まれ。ドーム・デザイナー）
愛知県渥美半島

レオナルド・ダ・ヴィンチがスケッチに残している謎のグリッド（結束構造）。そのシステムを応用し、原始的なツリーハウスに挑戦！

当初描いたイメージ画

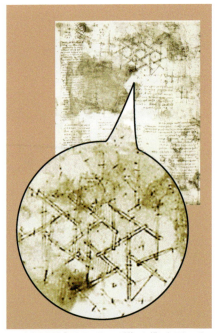

レオナルドが「アトランティコ手稿」に描いたスケッチ

　ぼくは渥美半島の三河湾を望む山の中腹に、実験的なツリーハウスを造っている。
　木の上から海に沈む美しい夕日が眺められるこの山中に、子どもたちが屋外活動をする森の学校があり、ドングリの木の上に遊具を作ることになった。
　少年時代からツリーハウスには憧れていたが、まさか自分の手で造ることになろうとは。しかも、森の中に何かを作るなんてやったことがない！
　初めてのツリーハウス……世界中のいろんなツリーハウスの写真を眺め、あれこれ考えているうちに、ふと木の上にかかる巨大な鳥かごのイメージが湧いてきた。それは卵のような形をした〈人間の巣〉と呼んでもいいシロモノだ。
　木は風に揺れ、動き、しなる。ツリーハウスも揺れに同調する柔軟でしなやかな方が木にとってもやさしいだろう。それにふさわしい骨組みが、ぼくの頭にはあった。三角形の骨組みが連続してつながり、立体的に空間を包みこむ形状──。レオナルド・ダ・ヴィンチがスケッチで描き残している奇妙な図形の断片だった。

渥美半島の中央部、三河湾に面した神石山の中腹に実験的なツリーハウスを……

その図形は長い間の謎だったが、今世紀に入ってようやく海外の専門家たちが再現し、丸くゆるやかな構造物ができることを発表した。「短い棒」を組んで繋ぐシステムにより、柔軟で強い骨組みのドームができる。一見、原始的な構造に見えるが、西洋諸国では従来にない構造として注目され、いま世界中でいろんな実験や試みが行われている。

レオナルドが考えていたアイデアは、それらを幾何学的に解明したものだ。3本の短い棒を互い違いに組んだ骨組みが三角形を成し、それが連続してつながれば立体的にも広がっていく。三角形が6つ集まれば中心に六角形の空間が生じるが、立体になればもっと角が増えることもある。

ぼくはこの古くて新しいアイデアにあやかり、木の上に〈人間の巣〉を造ることにした。

棒の片方の端は長めに残して三角形のグリッドをつくる

3つのグリッドをつないでいくと、長めに残した端が六角形をなす

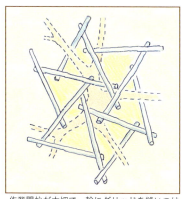

作業開始が大切で、幹にグリッドを縫いつけるように組んでいく。たんに幹の上にのせて繋ぐより、木との一体感が生まれる

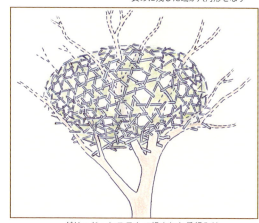

グリッド・システムで組まれた骨組みは、自然と内側へカーブを描いていく

長い棒を幹から幹に渡して手すりをつくる。木の上を安全に移動するため、これにロープを通して腰につなぐ

幹にかかる骨組みは麻縄でずれない程度に軽く縛る。幹を縫ってがっちり骨組みすれば、きつく固定する必要なし

さっそくぼくはドングリの木に登り、どんな形の巣づくりをするか枝ぶりをチェックした。どうやら、卵型のハウスになりそうだなとイメージして作業に取りかかった。おそらく、誰もやったことがないであろう馬鹿げた試みに心が弾んだ。

骨組みの材料はすべて現地調達する。森の木を間伐して残った腕ぐらいの太さの幹や枝を有効活用すれば、材料費もかからない。それを適当な長さに切りそろえ、枝や木の又に三角形の格子を結束していく。それが足場や手すりにもなる。とはいっても、不安定な足場の上で、枝にしがみつきながらの作業、ふだん使わない筋肉を駆使してアクロバチックに身をひねっての作業となった。この動きはスポーツ感覚に近い。

はたして巨大な巣を支える木がどのくらいの重さに耐えられ、バランスを保てるか？ もちろん図面など描けない。その形は幹や枝ぶりにおまかせ！

年末に作り始めた骨組みは、週末ごとに森に通って、春先には見えない形が見えてきて、ゴールデンウィークに友だちの手を借りて、ついに大きな卵の殻が誕生した！ ぜんぶが枝の格子で包まれると、がっちり一体化し、粘りのある強さと張りが出て頼もしい。

そして、次なる2期工事――。人間が住むには、雨風をしのぐ壁と天井を張らなければならない。
　ところが、これが問題だった。いろんな素材を試してみた。まずは麻布や麻袋を張ってみた。軽くて扱いやすかったが、防水塗装をするには巣の外に出ての作業となり、危険だから断念した。
　次に、余り物の畦道用の波板シート（プラスチック合成素材）で覆ってみたが、なんだかSF的なカプセルみたいで周りの風景に馴染まず、失敗！
　さらに、小さな板材を張って板葺きを試みたが、重ね張りするから予想以上に重くなり、またもや断念。プラスチック材も板材も、作業の途中でかなりのゴミが出るから嫌気がさしていた。
　「何かいい素材で雨風を防げないものかなァ」と悩んでいたとき、ふと家の原風景である登呂の遺跡、弥生時代の住居が頭に浮かび、茅葺きを思いついた。茅なら天然ものだからゴミにはならないし、日本の風土にもっとも適しているのではないかと……。

天井に向かうにつれ骨組みへの荷重は少なくなるので、資材棒は細くしても大丈夫

結束は最初にドライバーを使ってモクネジで仮留めし、その上から棕櫚縄（しゅろなわ）で縛る

苦労して畦道用の波形シートを全面に張ってみたものの、色も形も森に似合わない不気味な繭になった。ボツ！

茅の庇ができ、窓から海を眺める

茅の束を骨組みにかけながら壁面を作っていく。グリッドの隙間が大きいところは、竹材を渡して茅を掛けやすくする

さっそく茅を探しに河川敷きに行ってみた。すると、刈ってくださいと言わんばかりに生い茂っている。それを持ち帰り、片手でつかめる太さに束ねると、骨組みの間に差し込んでかけてみた。

いい感じだった。見映えもいいし、なんといっても軽いから作業がはかどる。通気もいいから湿気を抑え、断熱効果も優れている。いったん葺いてしまえば10年はもつだろうし、多年草だからいつでも手に入るし、葺き替えた古い茅は土に返って森の栄養になるから、良いことづくめだ。

こうして、〈ダ・ヴィンチ・ツリーハウス〉の仕上がりが見えて、ようやく完成図を描くことができたのだった。

海風の吹く日中、この人間の巣の中にいると船のように揺れるが、茅のかすれる音が耳に心地いい。

振り返ってみれば、手間はかかったけれど、材料費はほとんどかかっていない。骨組みの木の枝はすべて現地調達だし、茅は河原に生えているから超格安のエコハウスだろう。かかった費用といえば、骨組みをつなぐ木ねじや縄くらいのもの、あとは大工道具と工具かな。

自然を肌で感じることができる樹上の家で、ぼくは森のことや地球の未来に思いを馳せる。レオナルドの言葉──「すべてのものが他のすべてに繋がっていることに気づいてほしい」に敬意を表しながら。

そして、「いったい何しているの？」と興味深げに遊びにきてくれた子どもたちに感謝！

室内にしつらえた板のソファ

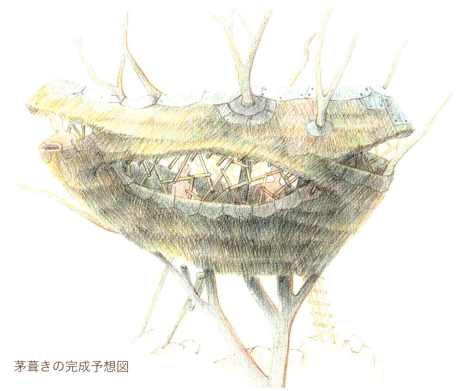

茅葺きの完成予想図

入口は側面に設けたが、真下から入る方が作るのも楽だし、出入りも安全で雨風も入りにくい

壁材の試行錯誤……上から畔道シート、板材、茅の束

樹上の離れ

制作：石田雅司（1947年生まれ。歯科医）
山口県宇部市

日曜大工の好きな歯医者さんが庭の大木の
隙き間に作った世界一小さなツリーハウス

我が家の庭の周りには、境界に沿って何本か太い木が繁っているが、そのなかに、気になる木があった。おそらくヤブニッケイ（藪肉桂）ではないかと思われるが、葉っぱを摘んでもむと良い香りがする。根元から分かれた3本の太い幹、それに山桃の木が寄り添い、複数の幹が平行四辺形の空間をつくっている。この隙間に小屋を作れないかと思ったのだ。

もともと木工が好きだったこともある。素人ながらテーブルや本棚をはじめ、大きな物ではウッドデッキやパーゴラまで暇を見てはこしらえていた。

ヤブニッケイなら、くすのき科の常緑樹でインドシナ原産。根に芳香があり香料になるという。はてさて、樹齢何年だろう？

（左）まず最初に、床のスペースをつかむため、仮の梁を幹に渡してみた

ツリーハウスの本を読んだからか、庭の木を眺めて閃いたのか判然としないが、ともあれこの歳（当時62歳）で少年時代の夢が叶えられるかもしれないと思い立った。本やネットで資料を集め、「これなら何とかできそうだ、たとえ失敗したって我が家の庭の話だから」と、わりに軽いノリでスタートした。

その気になって木を観察すると、3本の幹の間に梁を渡せば、その上に小さなツリーハウスがのせられそうだった。問題はどのくらいの高さに、どのくらいの広さが確保できるかだった。足場を組めば楽に作業ができそうだが、その資材も手間も割愛して、3.5mの梯子と脚立2つ（2mと1.5m）で取りかかった。

床の高さは梯子が届く約3.5mに決まったが、そこにどれだけハウスのスペースが取れるか計測できない。そこで床の高さにテラスを作り、あとでスペースを割り出すことにした。

重い本当の梁を吊り上げるための作業用の梁

下階段ができたところ。ここに踊り場を設け、上階段をのばすことに

　2010年の正月明け、お神酒(みき)を呑んで一人地鎮祭をやり、作業に取りかかった。独力だからそれなりの工夫がいる。まず2本の木の間に横木（大引）を渡して固定する。たったこれだけのことが一人だと難しい。地面の上ならたやすいことが、梯子に登るとまるで勝手で違ってくる。床の高さ3.5mより長い材木なら、片方を地面に付けて反対側を木に固定すればいい。それが短い材木だとぶら下げながらの厄介な作業となる。しかも横木は荷重に耐える頑丈な材を選んだから、重くて持ち上げるのが大変！というジレンマにハナからぶつかった。

　そこで孤独な棟梁は考えた。まず細くて軽い材で仮の梁を組み、その中央からロープを垂らし、本物の重い梁材を水平に吊るしといて速やかに両端を固定する。このアイデアで最初の難関を突破した。

　ツリーハウスで一番の問題は、床の梁材をいかに固定するかだろう。木に過大なストレスをかけたくないのは人情。ことに自宅の庭の木に何本も板を打ち付けるのは見映えも悪く、そんな姿を毎日見るのは忍びない。

　そこでシンプルに、ボルトで梁を支えることにした。両面から材木で締め付けるより、ピンポイント留めの方がいいと判断したからだ。ボルトの錆びによる弊害も考慮し、ステンレス製を採用した。

　梁は4本設置し、その上に直交するようにやや細い根太を渡し、さらにコンパネをのせて打ち付け、床が出来上がった。狭い空間になるべく広い床面を確保したかった。狭いながらも愉しい樹上の離れ……床のテラスに座って庭を見渡し、少年のように胸ふくらませていた。

　小屋より先にまず階段を作ることにした。資材を運び上げるのに楽だからだ。下階段の上に踊り場を設け、そこから90度曲げて上階段を付ける。

　下階段はさほど手間ではなかったが、上階段の設置にはかなり苦労をした。角度、長さ、高さを計って両端をカットし、ずれないように踊り場とテラスに仮止めして取りかかったが、脚立と梯子だけの作業は大変だった。足場があればもっと簡単だったろうに。

　ともあれ階段ができてからは上り下りも楽になり、高所の恐怖からも解放された。

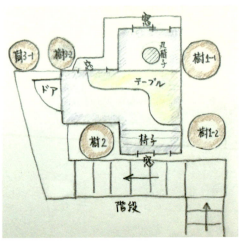

平面図に描いた床面は、畳一畳と半畳分をT字に合わせた形になった。その広さを坪に換算すると0.75坪だった。「樹1-1」「樹1-2」と記したのは根元は1本だが、テラス上では二股に別れているため。「樹3」の山桃も同様

床上の幹はそれぞれ微妙に曲がっていた。壁の高さを1.8m（一間）と見立て、4本の木に接しないよう真っ直ぐに立て付ける

そして、いよいよハウスづくりだ。

軽量化を計り、4.5cmの角材で壁の枠組みを作ることにした。地上で枠を組み立て、それを担いで階段を登り、床上に固定する。が、一人で運び上げるのは無理！ ついに音を上げて、我が家で唯一援助をたのめそうな人力、つまり奥方の手を借りることに。ところが、運ぶ途中、踊り場を曲がるときにバランスを崩して取り落とし、せっかく組み上げた壁がバラバラに壊れるというオチまで付いた。こうして、なんとか壁を固定すると、あとは残った小さな壁をつなぎ合わせ、ようやくお城の壁がそびえ立った。

その外側にもう1枚「外壁」を張るが、それは板の下部を重ねて張る鎧張り（よろい）にし、趣を出すために焼き杉板で覆うことにした。既製品もあるけれど、壁の仕上げはこだわって自分で焼いて作りたかった。

窓はサッシの横開きが2つ、西欧の窓のように縦に引き上げるタイプが1つ。いずれもネット・オークションで格安入手

鎧張りの板を張っている最中。足場がないのでハウス内から身を乗り出して張らざるを得ない

木材はすべて同級生の材木屋さんから購入していたが、思いつきの行き当たりばったりで発注するものだから、さぞかし迷惑な客だったろう。しかも世界一小さいツリーハウスだから注文する量もたかが知れている。しかし、ありがたいことに、そのつど相談に乗ってくれた。

あるとき、こんなこともあった。ツリーハウスを造っている庭沿いに細い道があり、ときおり近所の人が通られる。木の上で作業してると、顔見知りの年輩の男性がこちらを見上げて、

「ご精が出ますのう。すごいね、犬のですか」

と声をかけられた。犬……？ 一瞬、意味が分からなかったが、木の上の犬小屋と思われたのか？ どう応えていいか分からないまま見送った。

入口ドアは外枠の中に焼き杉板をはめ込んだ

天井に屋根を張る垂木を渡し、屋根材は簡単に張れてもちのいい塩化ビニールの波板にした。ハウス内で脚立に乗って端から打ち付けていったが、最後は外に出ての作業になる。入口の外の木に登り、危うい姿勢で天井の穴をふさぐのだが、もし落ちたら大ケガだぞ、救急車で病院に運ばれでもしたら近所の笑いもの？……などと思いながらの屋根張りだった。

かくして、無事に雨風しのげる小屋が仕上がった。正月明けから着工し、ここまでこぎ着いた時、周囲に春の花が咲き始めていた。

末っ子の娘が5月に嫁ぐことになっており、その前にツリーハウスで乾杯を！ と思っていた。内装はこれからだったが、小さなテーブルと椅子、つまみを持ち込んで、缶ビールで親子三人、ささやかに祝杯をあげた。

そして、桜の花びらが舞う四月半ば、ついに完成を見た。総工費は木材 48,927 円、工具 3,706 円、金具類 5,119 円。締めて 57,752 円であった。

狭いながらも快適。天井には明かり取りの天窓、壁にはオーディオ・スピーカー。あるときは書斎、あるときはバー、またあるときは昼寝の場となる

完成した世界一小さなツリーハウス。多くの友人たちが訪れ楽しんでくれている。
ときには女子会で盛り上がるカフェになったりも……

バルンバルンの森

大分県中津市本耶馬渓町・洞門キャンプ場

制作：田代和徳（1968年生まれ）

2つの顔を持つツリーハウス

夫婦で何か面白いことがしたいと思っていた折、廃園寸前の市営キャンプ場に出会い、私たちが指定管理者として運営することになりました。

若い頃からツリーハウスにはワクワクする思いを抱いていました。林業に関わっているので周辺の森にはよく入りますが、耶馬渓を見下ろすロケーションと木を見て「チャンス到来！」と制作に踏み切りました。

最初に作ったのは、入口の2本のアメリカ楓（かえで）を利用した「顔のツリーハウス」です。坂を登ってきたお客さんに、「こんにちは！」と笑いかけるようなデザインにしました。これは市の協力を得て工務店の力を借り、小さな子でも登れる高さ3mのものにしました。表の目は丸く、裏の目は三角にし、室内にブランコを吊ってみました。

その余り材を使って、バンガローのそばに私たちの手で作ったのが「アートハウス」です。3本のクヌギを利用してデッキを張り、その上に三角形の小さな小屋をのせました。絵本から抜け出たような雰囲気にしたくて、壁全面に大分在住の絵本作家ザ・キャビンカンパニーに絵を描いてもらい、屋根はモザイク状に板を張りました。

そして3つめがハウス無しの「ツリーテラス」です。耶馬渓を眺めながら弁当を食べたりコーヒーを飲んだりできるベストポジションをと願い、一人で作りました。展望台のように高いので、隣の木に設けたデッキを経て5mの高さに登ります。景勝「青の洞門」も一望できる"天空のカフェ"か？とひとり悦に入ったものです。

アートハウス

中津市を流れる山国川の上流、耶馬渓の絶景を見下ろすツリーテラス

顔ハウスの中にはブランコを

愛犬サンはツリーテラスがお気に入り

卓上ツリーハウス

制作：アンドリュー・デュアー
(1961年生まれ。岐阜市在住)

カナダで過ごした少年時代、いつもツリーハウスを作りたいと夢見ていました。しかし、日本にやってきて都会に住むと、なかなかその夢は叶いません。そこで、こんなペーパークラフトを設計して、机の上でツリーハウスづくりを楽しんでいます。紙の原料は木ですから「紙の材木」で木の家を作ってみましょう。

ふくろう荘

ふくろうの漢字「梟」を見ると、木の上に鳥がとまっています。そのイメージでデザインしたツリーハウスです。屋根も羽をかたどったシングル張りにし、室内が見えるように窓を切り抜きました。

地面から屋根までわずか11cmと超ミニサイズですが、机や棚に飾って眺めていると、森の小人になって中で遊んでいる気分になるかも……。

巻末に「ペーパークラフト」を付けました。キリトリ線で切り外し、各部材を切り抜いて、このページの写真を見ながら組み立てましょう。

143

らせんツリーハウス

30分の1スケールのペーパークラフト。地面から見張り台までの高さは約45cm。各部屋は同型で、長さ11cm・幅5cm・高さ7cm。

人形の身長は165cm。各部屋の床から天井までの高さは2.3m。見張り台の高さは地上13m

　世界に類のないツリーハウスを……と妄想しているうちに、こんな面白い高層ハウスができました。

　ホストツリーは真っすぐ伸びる杉がいいでしょう。4つのハウスは3.3畳ですが、ツリーを片側に寄せれば広く使えます。そして各ハウスを60度ずつずらして積み木のように重ねると、各階にテラスが設けられます。

　室内のらせん階段で登り降りし、窓の向きがみな違うので外の眺めも変わります。てっぺんには海賊船のマストにある見張り台「カラスの巣（crow's nest）」も取り付けました。

　このプランは奇想天外な「Paper Plan（机上の空論）」に見えるかもしれません。しかし、木に負荷をかけずに1階ハウスを支柱で支えれば、実現できそうな気がします。

　ツリーハウスはふつうワンルームですが、これならいろんな部屋が作れます。たとえば、1階はカフェ、2階は書斎、3階ではお昼寝、4階は子供部屋、カラスの巣は展望台……と楽しく愉快な木の家を夢見ています。

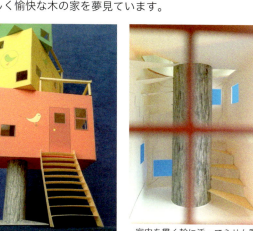

室内を貫く幹に添ってらせん階段

カラスの巣

北海道、網走湖畔のカフェのシンボル。初代オーナーが70歳の頃、子ども一人がやっと入れる可愛い家を作った。階段はなく梯子をかけて登らせていたという（現在使用不可）

小諸 Tree House Project

アート・ツリーハウス

長野県小諸市の「安藤百福記念 自然体験活動指導者養成センター」で企画された「小諸ツリーハウスプロジェクト」。千曲川を見おろすセンターの森に、2012年以来、デザイナー、建築家、アーティストによる自由な発想のツリーハウスが創られている。森のなかに点在する7つのアイデアあふれる木の上の家。(実設計：中山雄二／施工：原 公一)

安藤百福センター（設計・隈研吾）

bird-apartment
design : nendo

この豊かな森を鳥と人間が共有できないかという思いから、一風変わったツリーハウスを創ってみました。

もしも鳥とヒトが同じ「巣箱」に入れたら……という発想から、小屋を半分に仕切り、片方には78個の巣箱、壁を挟んで反対側にはヒト1人が入れる木の上の家です。

遠くから見るとケヤキの樹林に浮かぶ箱のようですが、目をこらすと小さな穴がたくさんあいていて、こちらは「鳥のアパート」です。

反対側には大きな丸い入口がくり抜いてあります。ヒトが梯子を登ってここへ入れば、壁ひとつ隔てて鳥の様子を裏から観察できるという仕掛けです。

「鳥のアパート」の住人を観察する窓をどんな形状にすれば鳥をおどかさずにすむか？ とあれこれ考えたあげく、ふつうの家の玄関扉に付いている「ドアスコープ」を思いつき、壁に埋め込んでみました。

このたくさんの「窓」から鳥の住人を身近に見つめるという趣向が、自然を体感する一つのきっかけになることを願っています。静かに「ヒトの間」にもぐり込んで、不思議な時をお楽しみください。

ヒト1人が楽に入れるスペース

M.Yoshimura

M.Yoshimura

梯子をそおっと登って「ヒトの間」へ
入り、ドアスコープから……

D.Ano

又庵 yu-an

design：古谷誠章

茶室の模型

　ツリーハウスは初の試みだったので喜んでお引き受けしましたが、最初に思ったことは「食」と「森」をツリーハウスで繋げられないかということでした。

　私は吉野材の研究をしていたことがあり、それを壁材に用いて木の上に茶室を……というイメージが浮かびました。

　吉野杉は、節のない緻密な木目と素地の色合いの美しさで知られていますが、もともと日本酒の仕込み桶を作るために植林され、500年の歳月をかけて培われたものです。

　しかも、できるだけ成長を抑えることで年輪が密になり、直線的な木目になるよう丹精こめて育てられました。その端材から作られる美しい割り箸に、私たちの手と口はじかに触れています。

　時代を超えて日本人が継承している貴重な文化をツリーハウスに生かし、まさに桶のような形をした茶室を欅の木にかけてみました。その壁面には、樹齢130年の吉野杉の原木から製材した柾目材を用いました。

　「又庵」の名は木の又にのせたこともありますが、京都市上京区にある利休ゆかりの「又隠」という裏千家の代表的な茶室にもあやかりました。

　床面はちょうど一畳台目の茶室と同じ大きさです。都会の喧噪から離れた清々しい緑のなかで、ひととき樹上にたゆたう「木漏れ日の茶事」を開き、遠来の客人をもてなすという趣向によるものです。

吉野杉の壁と節に彩られた床の入口

天井からの明るい採光、吉野杉の壁には象嵌されたような紡錘形の窓

梯子状の階段を登り、ハッチのような底板を持ち上げて庵に入る

壁の丸い凹みの間に坐って、両の手で吉野杉のきめ細やかな木肌の感触を愉しもう

チーズハウス
design : play set products

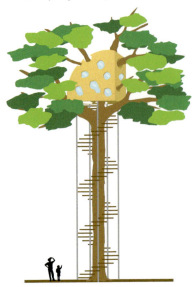

　子どものころに見たアニメーションがモチーフになっています。それはネズミやリスなどの小動物が、大きなチーズを見つけて巣に運んで帰る……。そんなシーンを何度も見たような気がします。

　アニメのなかのチーズの拾い物、その戦利品を木の上に持ち上げて、中に住んじゃえば奪われないだろうし、チーズを食べながら暮らしていける。チーズって、周りは皮のように固く、内部はとろりと軟らかい。だったら中身を食べて空洞にすれば部屋になる……。そんな空想をしながら、建築家ではないぼくらは玩具の発想で絵を描いてみた。木の上だから、リスの家がいいかな？ などと連想しながら。

　高いところが苦手な人は、たよりない階段ではチーズの家まで登れないから、がっちりしたフォークを立てて手すり付きの階段を取り付けました。

　とまあ、すべてがアニメ的なツリーハウスですが、子ども連れの訪問者でも安心して登れるでしょう。

　大きなチーズだから、しばらくは壁を食べながら暮らせそうな棲み家です。

小諸の街と千曲川を見下ろして

クヌギの木にかけたチーズハウスは
フォークの階段にも支えられている

ドアを開けると、チーズの壁を
食べているリスと目が合う

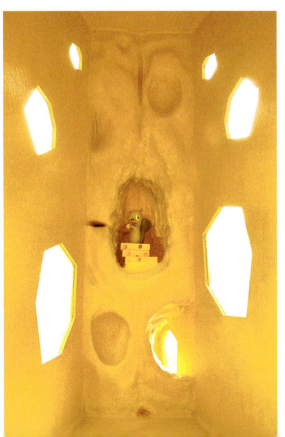

オオムラサキのツリーハウス
design : KANIKAPILA

現地に行って紅葉のなかを散策していると、足元にドングリや栗がたくさん落ちていて、拾ってみると動物や昆虫に食べられていて、生きている森に魅了されました。そこにオオムラサキが飛んでいるのを見て、この森を象徴する蝶の形をしたものを作ろうと決めました。

オオムラサキは羽が大きく、あまりパタパタせずに悠然と滑空する姿が美しい。この蝶に乗っているようなものを作りたいと思いました。そしてツリーハウスには遊具的な要素もあるのではないかと考えていたので、なるべく浮遊感のある、空中を飛んでいるような様子を表現することに……。

そこで大きな羽（屋根）を両側のナラの木からワイヤーで吊り、下の丸いテラスに乗ると動いたり揺れたりして、より浮遊感を味わえるような形状にしてみました。

　オオムラサキの羽は、濃い紺色に近い紫色をしていますが、鱗粉に彩られているので角度によって、虹色に見えたり派手な色合いに見えたりします。そこで、ビビッドな赤紫にしました。
　2段の梯子を登ってこの大きな蝶に乗れば、記憶のイメージを呼び起こすようなマジカルな視点が得られるよう心がけました。公園のジャングルジムに登ったような気分で、面白い視点からカメラを構えてみてください。大きなオオムラサキの羽にぶら下がり、本物のオオムラサキを撮るのも一興でしょう。

間 design：佐藤可士和

　ツリーハウスは憧れでしたが、自然とデザインが融合したこのモダンなセンター内に、初めて創ることができました。
　そのコンセプトは、作品名のとおり「間」です。板の間を作ることで、その空間を切り取って感じさせるという日本的な趣向です。「箱」ではなくて「間」というところがミソで、このツリーハウスには壁がありません。
　日本人には独特の美意識があって、そこに無いものを感じとります。森の中の木の上にそんな板の間があるだけで一つの空間を想い描き、小諸の自然と溶けあって、見た目にも美しいものになる。
　そしてツリーハウスの真ん中に立派なヤマザクラを取り込んだので、花見の季節には、花びらが上から舞い散って、非日常的なお花見ができる。
　壁も立てず、床だけ作ったわけですから、桟の間から透かし見る外の風景と相まって、すごく日本っぽい空間になるでしょう。春夏秋冬、さまざまな表情を見せる「間」を、ぜひ体感してください。

梯子を登って「間」へ入る

外からも内からも透かし見える能舞台のような佇まい。天井のはね上げ戸から屋根の上へ

天に向かってのびるヤマザクラ。
花びらが間の舞台に舞い落ちる

NEST design : ENERGY MEET

「NEST」とは自然に溶け込む「巣」の形状をかたどる一方、Natural Energy Sustainable Treehouse の頭文字からも取っています。

　クモの巣のように何本かの糸を張って、できるだけ木に負担をかけない超軽量なツリーハウスを考案しました。自然のなかには存在しない人工物でありながら、その仕組みは自然物であるような形状を創りました。

　ハウスの中心になる木から、6本のワイヤーを回りの木に渡し、テントのような樹脂製のネットを吊ってみました。

　そして自然エネルギーを発生させるため、六角形の太陽光パネルを開発し、花をかたどった発電機を木の上に設置しました。このソーラーパネルは夜になると「光る花」になって輝いてくれます。

　作られた電気は、お湯を沸かしたり、スマホの充電などにも使え、日常生活の一部を自然のゆったりした時間の中で味わうことができます。

　NEST の中に横たわり、ふわふわ揺られながら、森の香りと音を感じとってください。

支柱の木にセットしたソーラーパネル「光る花」は、小さな粒状の太陽光セルを透明な樹脂に封入したもの。ほんのり光って森の夜を演出してくれる

Birds Eye View
design : **Noma Bar**

「浅間山を見渡せる丘陵に、面白いツリーハウスを」というお題を頂いて現地を訪れ、山林をゆっくり散策し、豊かな森のイメージを持ち帰りました。

ロンドンでの私の毎朝の日課は、ハイゲートウッドの森を歩きながらアイデア・スケッチを描くことです。目に映る物をさまざまな角度から眺め、多様なアイデアが生まれる過程を大事にしています。

ある朝のこと、地面に落ちている2枚の枯れ葉に目がとまりました。おやっと思い、しゃがんで見ると、重なった葉が「鳥」の形をしています。そのままの形で拾い上げ、オフィスに持ち帰りました。これが日本の森につくるハウスの原型になりました。

葉の重なり方と角度、色合い、構造とバランス……模型で試作しながらフォルムを作り、「Birds Eye View（鳥の目線）」の造形が生まれました。

2枚の葉っぱを模してデザインした高さ7m程の大きな鳥──。散策路をたどって丘に登り、鳥の体内に入ってみれば、小諸の素晴らしい景観を"鳥の目"で眺めることができるでしょう。

ケヤキにとまった大きな葉っぱの鳥

屋根や天井、手すり、階段にいたるまで葉脈をかたどったデザイン

階段のステップに腰かけてひと休み

オランダ、アムステルダムの東方 80 キロにあるホグ・ベルウ国立公園。誰が何のために作ったのか、深い森の奥に簡素なツリーハウスがひっそりと……。シカやキツネ、鳥などの自然動物を観察する小屋だろうか。

世界びっくりツリーハウス
～こんなに愉しめる木の上で～

世界各地に点在する可笑しなツリーハウス。
自然のなかで、とことん遊びを極めた……
樹上のワンダーランドへ、ようこそ！

スウェーデンの森林に舞い降りた？……「UFOツリーホテル」

自転車ツリーハウス
Bicycle Powered Tree House Elevator
イーサン・シュスラー（1990年生まれ）
アメリカ、アイダホ州　　photo：Ethan Schlussler/アフロ

　ぼくはアメリカ北西部のアイダホ州、サンドポイントに住んでいる。こんな山中にツリーハウスを作ることになったのは、小さい頃から森の中で遊ぶことが好きだったからだ。

　ツリーハウスを作って森に住んだら面白いだろうな、と空想したのは17の時だったが、そのアイデアは数年間は頭の片隅に置いたままだった。

　その後、カレッジを卒業して実家に帰った時、もう家族と暮らすのはやめて、独り住まいをしようと思った。そこで郊外の森にある母の所有地に、念願のツリーハウスを自分の手で造ることにした。

　ぼくは13歳の時から建築や鉄鋼業に携わり、大工仕事と鉄工の技術は身につけていた。この森なら木材だって調達できる。24歳だから体力もあるし、今こそ夢を叶えるチャンスだと思った。こうして地上9mのツリーハウスを一人で造り始めたが、自転車エレベーターのアイデアは当初から考えていたわけではない。作業中に思いついたのだ。

地上の自転車は鎖で岩につないで駐輪

ホストツリーは地面から垂直に伸びている。作業しながら、もしこの木の上の家に住むとなったら大変だろうな、毎日、螺旋階段をぐるぐる回って登り降りするのはつらいかな、と思いはじめた。

そんなある日、友人のアザが訪ねてきた。

「すごいな、宙に浮かんだUFOみたいだ」と我が家を見上げるアザに、「階段じゃなくて、エレベーターみたいなもので昇りたいけどね」と悩みを打ち明けた。すると彼はにやりと笑っていった。

「自転車みたいにペダルをこいで上がるエレベーターは作れないかな」

自転車? ペダルをこいで昇り降りするエレベーターか……。そのイメージがぼくの頭のなかでふくらんでいった。いいかもしれない。ぼくたちはその場で自転車エレベーターの仕組みを熱っぽく語りあい、構造がおおまかに見えてきた。きっとこれは誰も試みたことがない発明だろう、なんとしても挑戦したい！と心に決めた。

さっそく現場に中古の自転車を運んできて、試行錯誤が始まった。いかにして自転車を安全にセッティングするか? そしてペダルとギアの効率的な仕組みを考えた。

やがて設計図ができあがると、いろんな中古の金具を加工してギア、チェーン、リフトバーをこしらえた。新品の材料を買ったのは自転車を吊るケーブルと滑車だけだった。

このチャーミングな昇降機を作るのに丸1日、ツリーハウスに設置するのに数時間しかかからなかった。それから試運転をくり返し、調整しながら改良を加えていった。

もうタイヤは不要。試作では垂直を保つため中央フレームにパイプを通してケーブルにつないだ

普通のエレベーターと同じ原理で、反対側に重りを装着

自転車と重りをつなぐケーブルはハウス内を貫通している

　自転車を上げ下げするには3つの器具がいる。カウンター・ウェイト（重り）と、自転車と重りをつなぐケーブル＆滑車、そしてペダルをこいで上下動を調整（制御）するギアリダクション（減速歯車）だ。

　自転車に乗った人間を9m上のテラスまで持ち上げるには、ツリー（ハウス）の反対側にぶら下げたカウンター・ウェイトの重さを利用する。この仕掛けは普通のエレベーターと同じだ。重りは自転車＋人間の約半分の重量にする。仮に自転車が10kg、人間が60kgとすれば、重りは35kgにする。重すぎると、一気に上昇するから気を付けよう！

　これをケーブルで吊り、ツリーをはさんで自転車の前部と後部につなぐ。ケーブルはなるべく自転車の上部に付けた方が安定する。このケーブルを滑車を通して、ペダルで回転するリアホイールに巻きつける。

　普通の自転車ギアでは、ペダルをこぐのが大変で上昇できないからギア変更が必要だ。そこでペダルの付いた前の大きい歯車と後ろの小さい歯車を交換すると、ペダルをこぐのがずいぶん楽になる。

　試作を始めたころ、チェーンが外れてギアにからまり、半分の高さまで上がったところで空中停止したことがある。その時は、たまたま友だちが来ていたから助かったけれど、もし誰もいなかったら、助けを呼ぶぼくの声がいつまでも森にこだましていただろう。

昇ったら大蛇のような枝で作った手すりに駐輪。
下りエレベーターの搭乗口でもある

　エレベーターの発明により、後半の作業では大いにはかどった。ハンドルの前に取り付けた大きなカゴは、資材の荷揚げに大活躍した。もしエレベーターがなかったら、途中で音をあげていたかもしれない。
　ツリーハウスは、厳しい冬に備えて壁の中に断熱材を詰めて完成した。
　しかし、それでは終わらなかった。8mほど離れた隣の木にもテラスを作り、ブリッジでつないだ。木の上の散歩を楽しみたかったからだ。1つ作ったら、さらに隣の木までブリッジを延ばした。2つめのテラスにはエレベーターの予備として縄梯子を取り付け、人力でも登れるようにした。
　しかし、爽快に昇れるのは、やはり自転車エレベーターだ。

天井に自転車と重りをつなぐケーブルを通している

　完成した「階段のないツリーハウス」を You Tube で流すと世界中から反響があった。面白いと絶賛してくれる人も多かったが、ケーブルが切れて墜落するから無謀なことは止めなさいとか、トリック映像でしょう？ というコメントもあった。この発明のメカニズムと安全性を理解していないから無理もない。
　おかしかったのは、ぼくの愛犬シーバの映像を観て「クマ」と思った人がいたことだ。日本の読者のために特撮したシーバの写真をご覧ください。これがクマに見えるかな？

エレベーターにも改良を加え、自転車の向きも逆にした。前に取り付けた大きなカゴは荷物の運搬に重宝している

たった1人のツリーハウス作りを、下から見守ってくれたシーバ。名前の由来は古代アラビアの「シバの女王」。犬種はニューファンドランドとラブラドールのミックス

　ツリーハウスから延びる「樹上の回廊」を作って、ひとまず完成！ 2本目の木（左）には、ロープで作った梯子も取り付けた。緊急用の「非常口」にもなるが、自転車エレベーターに乗れない人は、この縄梯子で登ってもらう。

　こんな小さな家だから不自由のない暮らしとはいえないが、鳥の声を聞きながら空中散歩をしたり、楽しい森の生活を送っている。

クマのように冬眠できる暖房設備も備わり、心地いいベッドで毎晩ぐっすりと眠っている。次の面白い遊びを夢想しながら……

1人で住むには充分の広さ、快適な空間に仕上がった。壁にはお気に入りの自分の写真を飾っている。若いころ写真の専門学校に2年通ったからカメラの腕はプロ並み？

天空の手長猿ハウス
The Gibbon Experience　ラオス北西部の原生林

メコン川の上流、タイと国境を接する密林の上に浮かぶツリーハウス。形の違う５つのハウスが点在し、ジップライン・ケーブルでつながっている。それにぶらさがり、手長猿（Gibbon）のように空中遊泳しながらハウスを飛び移るアドベンチャー・ツアーを催している。

ジップラインでジャングルの上を滑空移動するため、ハウスの高さは地上15m！ にもかかわらず、手長猿になりたいツアー参加者は女性客が多い

大木の上の癒しの場に呼び寄せられたツーリストはツリーハウスに滞在し、天空のスパでゆっくりくつろいでいく。原生林を眺めながら露天シャワーで汗を流し、コーヒーを飲みながら読書したり、うたた寝したり……女性客も多いのもうなずける。
「さあ、ぼちぼち次のツリーハウスに飛び移る？」という声が聞こえてくる。

鳥の巣ホテル
Treehotel
スウェーデン、ラップランド

スカンジナビア半島北部、ラップランドはサンタクロースが住む地といわれる。そのノールボッテン県ハラッズ村、静寂に包まれた森の木に巨大な鳥の巣が架けられている。自然にうまく溶け込んでいるが、これは地元の鳥好きの建築家によって設計されたツリーホテルだ。

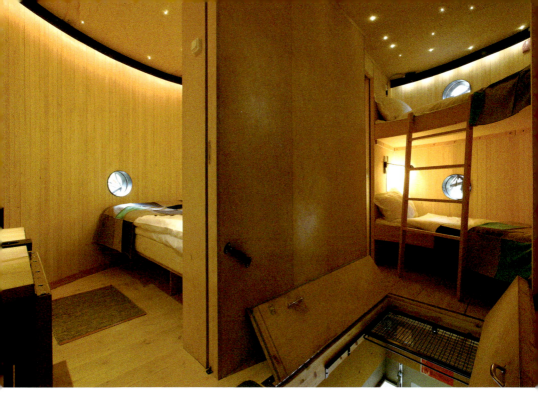

鳥の巣の下にセットされた格納式の階段を登り、ハッチから地上5mの部屋に潜り込む。室内は外観の見た目よりも広い。寝心地のよさそうなダブルベッドと2段ベッドが据えてある（収容4人）。

壁のあちこちに丸窓が開けられ、枝の間から外の様子がうかがえる。天井の星空をかたどった照明も気の利いた演出だ。

エコロジー素材を用いながら、モダンで洒落た居心地のいい空間。静かな森の巣にこもって眠りにつく……文字通り帰巣本能を満たしてくれるツリーホテルだ。

ハウスの枝にはしばしば鳥がとまり、バードウォッチングには最適の場だが、はたして鳥たちはこの「巣」をどう思っているだろう？

photo：Peter Lundstrom/Treehotel / アフロ

木登りツリーハウス
Tree Pods Restaurant
タイ、クッド島

　タイのバンコクの南東、タイランド湾に浮かぶクッド島のソネヴァキリ・エコリゾート。ここに面白い仕掛けのツリーハウスがある。海岸沿いの遊歩道をたどると、デッキの上で可愛いワラ葺き屋根の小屋が待っている。
　乗り込んでシートに座り、合図のコールをすると、エレベーターのようにスルスルと吊り上げられ、やがて木の上のプラットフォームに到着する。そこは海を見下ろす空中レストラン」……。

　シートは4人がけで、絶景を眺めながらの優雅な食事がとれる。が、ウェイターの仕事は優雅とはいえない。まもなく注文の料理を運んでくるウェイターの姿を見れば。ジップラインにぶら下がり、手には注文の品をのせたトレイ……。まるでサーカスの綱渡り！ウェイターは注文の品を（めったに）取り落とすことなく、客たちはその曲芸に拍手を送る。
　メニューには目の前の海でとれた魚料理が並び、お値段は2人で約450ドル。海に落ちるクロンヤイキの滝を望みながらワインと料理を楽しむ"木登りツリーハウス"だ。

しゃぼん玉テント
Bubble Tent
フランス、ブルターニュ半島プロメル

フランス北西部、ビスケー湾に面したカルナック近郊のホライゾンタル・ホテルが、林のなかに浮かべた「しゃぼん玉テント」。木から吊られたスケルトン寝室は、スチールパイプにビニールの幌が張られ、カップル用と1人用（右）がある。

星空や月を眺めながら眠りにつく揺りかごだが、気持ちがいいのは明け方だ。朝もやに射し込むオレンジ色の光の束、テントを開ければ小鳥のさえずり。雨が降ったら、防水完備の「繭」の中に寝ころんで雨音と水滴を鑑賞しよう……。

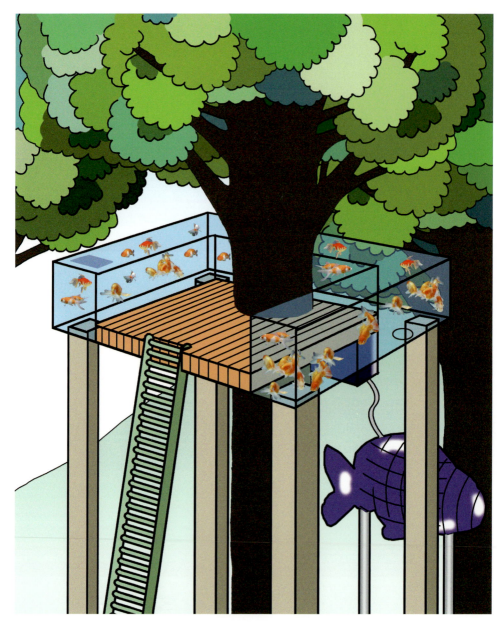

空中アクアリウム・テラス

シアトル在住のアウトドア・アーティスト、ウッディ・アランが考案した夢のツリーテラス。水槽ベンチはガラスより軽い強化アクリル製。木への負担も少なく、人が腰かけても大丈夫。泳ぐ魚は淡水魚。飼育がしやすく見映えのいい「金魚」がおすすめだとか。
水の注入と餌の投入口は水槽の左上。排水口は右奥に。魚型の右の装置はソーラーシステムによる水槽濾過器。ベンチに横たわって読書するもよし、ウッドデッキに座って金魚のパノラマを眺めるもよし。下から見上げて、樹間を泳ぐ金魚を楽しむのもいい。

イギリスの紅茶王トーマス・リプトン卿のツリーハウス (1900 年頃)。
紅茶を持った召使いが番犬と一緒に控えている

●写真提供
アフロ：伊東剛、竹林修、Arcaid Images、REX FEATURES、
Ethan Schlussler、Gibbon Experience、Alamy、
Peter Lundstrom/Treehotel 、HEMIS、Splash
Getty Images：p179

●参考資料
水木しげる漫画大全集・ゲゲゲの鬼太郎１〜３(講談社)
ツリーハウスブック (BE-PAL OUTING MOOK：小学館 1997 年)
New Treehouses of the World：Pete Nelson(ABRAMS)
tree houses：Philip Jodidio(TASCHEN)

ツリーハウスを作りたい
TREEHOUSES WONDERLAND

編 者　ツリーハウス倶楽部

発行所　株式会社 二見書房
　　　　東京都千代田区三崎町2-18-11
　　　　電話03-3515-2311 営業
　　　　電話03-3515-2313 編集
　　　　振替00170-4-2639

印　刷　株式会社 堀内印刷所
製　本　ナショナル製本協同組合

落丁・乱丁本はお取り替えいたします。定価は、カバーに表示してあります。
©Futami-Shobo 2016, Printed in Japan.
ISBN 978-4-576-15191-5
http://www.futami.co.jp/

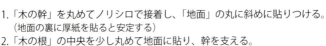

作り方

1. 「木の幹」を丸めてノリシロで接着し、「地面」の丸に斜めに貼りつける。
   （地面の裏に厚紙を貼ると安定する）
2. 「木の根」の中央を少し丸めて地面に貼り、幹を支える。
3. 「ハウスの床とテラス」の幹を通す穴を切り抜く。
4. 「壁とドア」を点線で折り、六角形の壁にしてノリシロで貼る。
   （窓を切り抜けば室内が見える）。ハウスの床の六角形に合わせて接着する。
5. 「屋根」の穴を切り抜き、点線で折ってノリシロで貼る。「壁とドア」の上に接着する。
6. ハウスの穴に幹に通し、床を白い点線の高さに合わせて水平に接着する。
7. 「上の枝」を屋根の上の幹に貼りつける。
8. 「ハシゴ」を切り抜き、テラスにかけて、完成！

木の幹

上の枝

木の根

地面

卓上ツリーハウス「ふくろう荘」

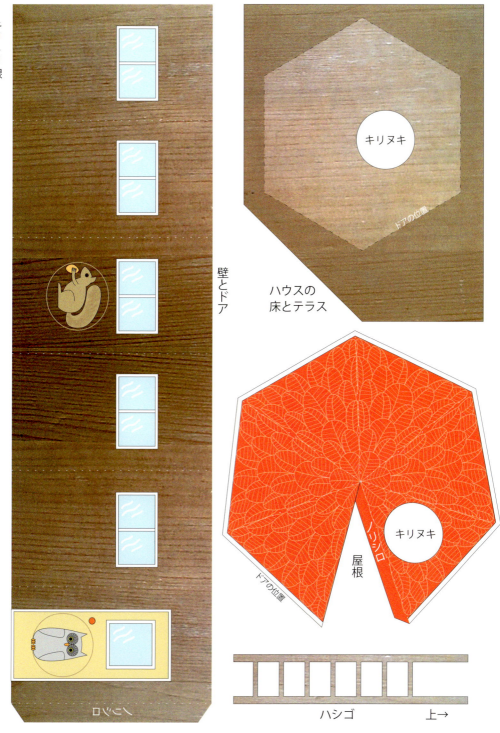

3

A New Learning Experience

Waseda University
Building No. 3

With a history stretching back 80 years, Building No. 3 was reborn in 2014 as a 67-meter tall, fourteen-story building with two basement floors. Serving mainly as the home of the School of Political Science and Economics, the building underwent numerous extensions since its original construction in 1933 and had become a symbol of the Waseda campus. The new building retains an image of the old exterior appearance, recreating the entrance section on the southern side and reutilizing the original iron doors, thereby aiming to pass on an image of the past to the future. Building No. 3 represents a new educational research center for the Faculty of Political Science and Economics, offering diversified classes focusing on interaction/ problem-solving.

Location   Tokyo
Architect Kume Sekkei Co. Ltd.
Completed September 2014

The first-floor hall of Building No. 3 combines a reproduction of the old building with the modern interior of a new multistory building equipped with the latest facilities; its design recreates the atmosphere of the old inner court while offering an intermingling of old and new. As the two buildings each possess unique characteristics in their construction, they incorporate lots of different architectural techniques, both old and new. For instance, the use of traditional techniques called for each of the roof tiles from the old building to be washed, one by one, while at the same time the structure incorporates the latest in earthquake-proofing technology, utilizing the light and heat of the sun to provide electricity and power for the air conditioning system, placing a minimum of stress on the environment.

Next-Generation Learning Style — A Breakdown of Building No. 3 by Floors

The soaring lobby of the entrance hall stretches up to the 10th floor (p.156). The old inner court that used to be in the center Building No. 3 has been incorporated inside the new building and the reflections of the recreation of the old building in the glass of the escalator create the impression that the courtyard remains enclosed by the old Building No. 3.

The entire 2nd floor is named 'learning commons' and is intended as an educational space where the contents of the education and learning are presented to the public while simultaneously revitalizing interactive or problem finding/solving lessons. The three 'CTLT Classrooms' (Center for Teaching, Learning and Technology Active Classroom, p. 157, nos. 5, 6) utilize the adaptability of ICT (information and communications technology) and moveable furniture to make possible a variety of different lecture types to meet the increasing diversified demands of university education. The 'W Space' is a place where small numbers of students can carry out presentations, debates, workshops and self-study.

The 3rd to 5th floors contain classrooms centered around the large lobby space in front of the recreation of the old building. The 5th floor has a lounge with a view out over the tiled roof of the recreated building.

The multistory building contains tiered lecture rooms capable of holding between 180 and 360 students each while the classrooms in the recreated building have wooden window frames, preserving the interior appearance from the original building. In particular, room 405 (p.152) on the 4th floor of the old building retains the characteristic design of ceiling.

Floors 6 to 9 are fitted with classrooms, seminar rooms and computer rooms. Arranged in a semicircular or horseshoe layout (p. 157, no. 7), the seating in the classrooms on floors 6 and 8 is capable of holding 200, so even though there are many students, they are all able to feel as if they belong. The seminar rooms catering to small classes employ single, moveable seats, creating a flexible environment to cater for the subjects being studied.

The 10th floor houses the offices, the management department, and four conference rooms. The 11th floor houses the laboratories and research rooms belonging to the postgraduate school and the 12th to 14th floors are devoted to laboratories. The student library and research library (p. 157, nos. 1, 2) are housed in the 1B floor where a dry area with access to daylight has been established.

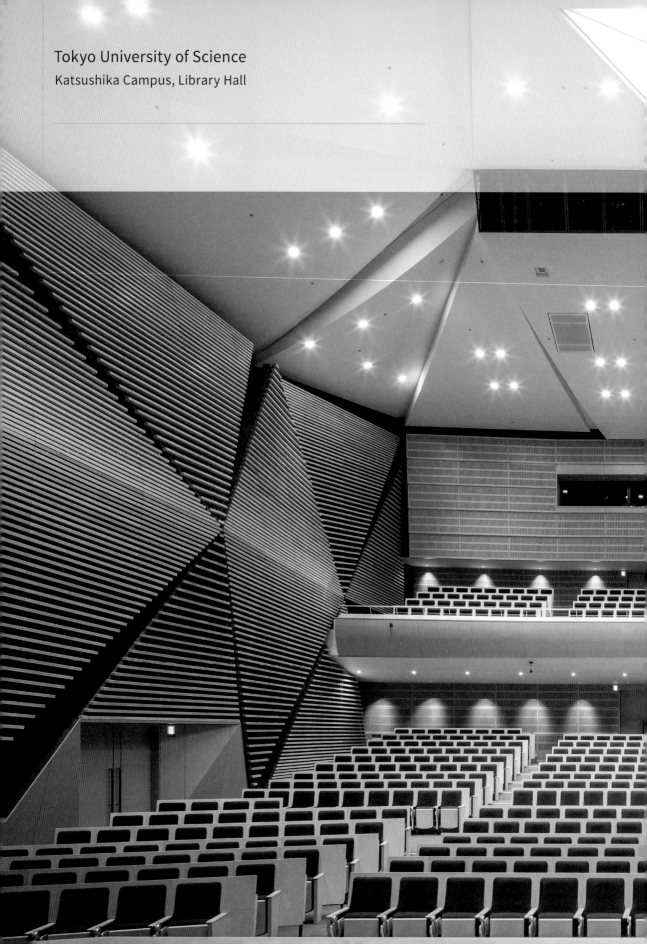
Tokyo University of Science
Katsushika Campus, Library Hall

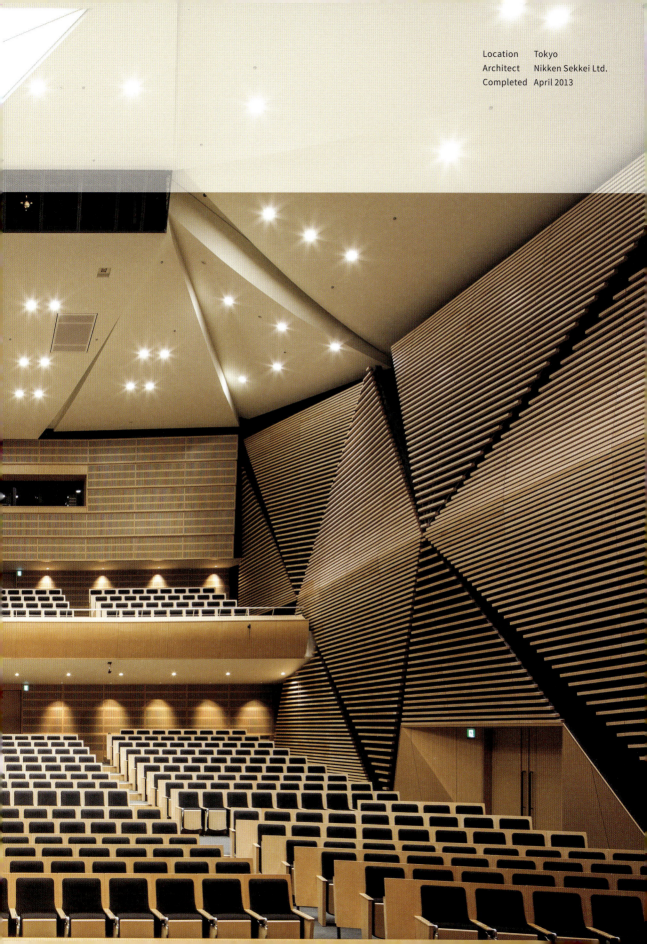

Location Tokyo
Architect Nikken Sekkei Ltd.
Completed April 2013

In 2013 the combined efforts of numerous engineering researchers resulted in the opening of the Katsushika Campus as a center for multidisciplinary research. The library, with its annex containing a large hall capable of holding 600, can be described as the heart of the university. With a ceiling height of 5 meters, it consists of the 1st floor and 2 intermediate floors laid out in an 'L' shape. It is roughly divided into a silent zone and a discussion zone, joined together by an atrium.

The 'Media Lounge' located on the 1st floor has a tiered floor, known as the 'Book Gallery', and contains books on science and technology that become increasingly specialist the higher they are placed. It is open to the inhabitants of Katsushika Ward for academic purposes and together with the Katsushika Ward Science Education Center next door, it serves as a local venue for information exchange.

Nakamura Gakuen Girl's Junior and Senior High School
Auditorium, Cooking Demonstration Hall

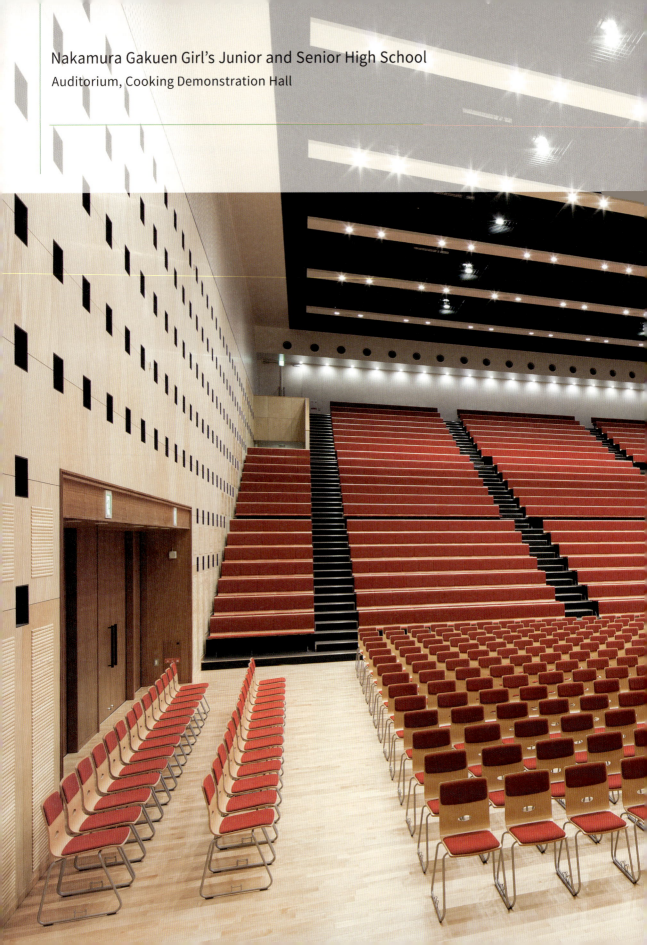

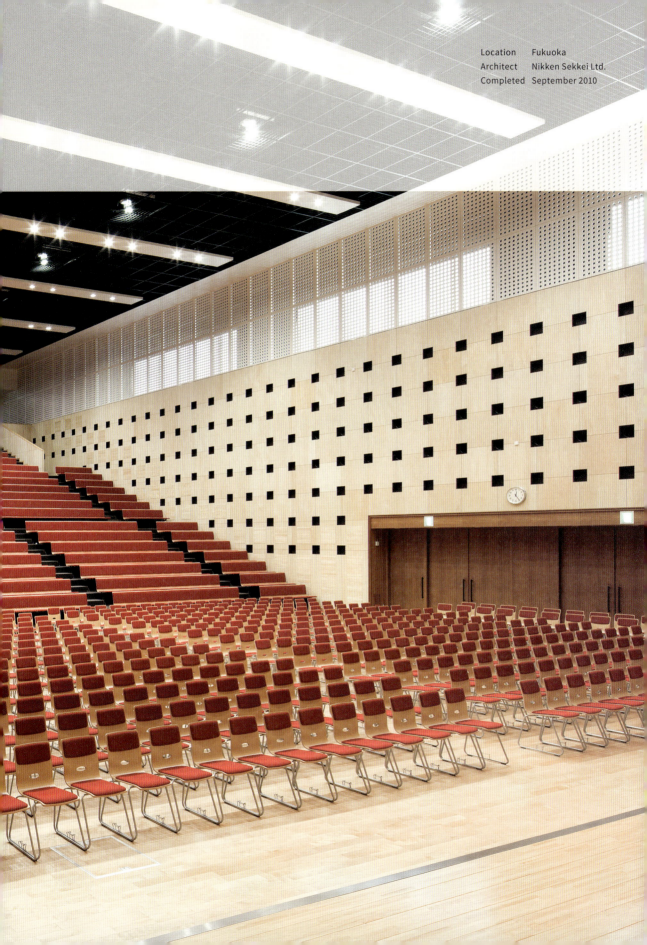

Location   Fukuoka
Architect Nikken Sekkei Ltd.
Completed September 2010

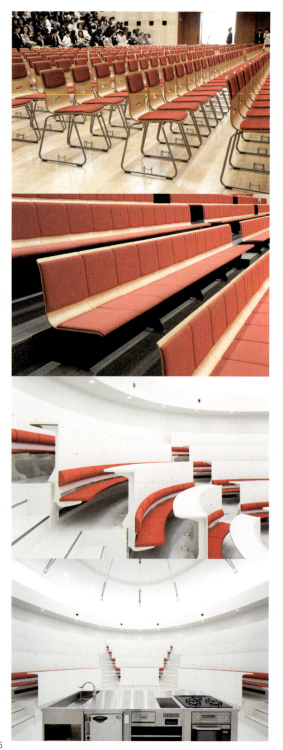

The school buildings were gradually replaced as part of the celebrations of the school's 50th anniversary and the new Auditorium (p. 164) and Cooking Demonstration Hall were completed in 2010. The Auditorium preserves the style of the old building with its tiered seating but combines this with a flat floor area, so by removing the seating, it can be transformed into a multipurpose

space. The shape of the Cooking Demonstration Hall situated in the front of the campus resembles an earthenware mortar, this unique building serving as the symbol of this institute that started life as a cookery school. With its individualistic white and pink, tiered seating, it serves an important role as the venue for cookery demonstrations.

Seiko Gakuin Junior and Senior High School
Auditorium

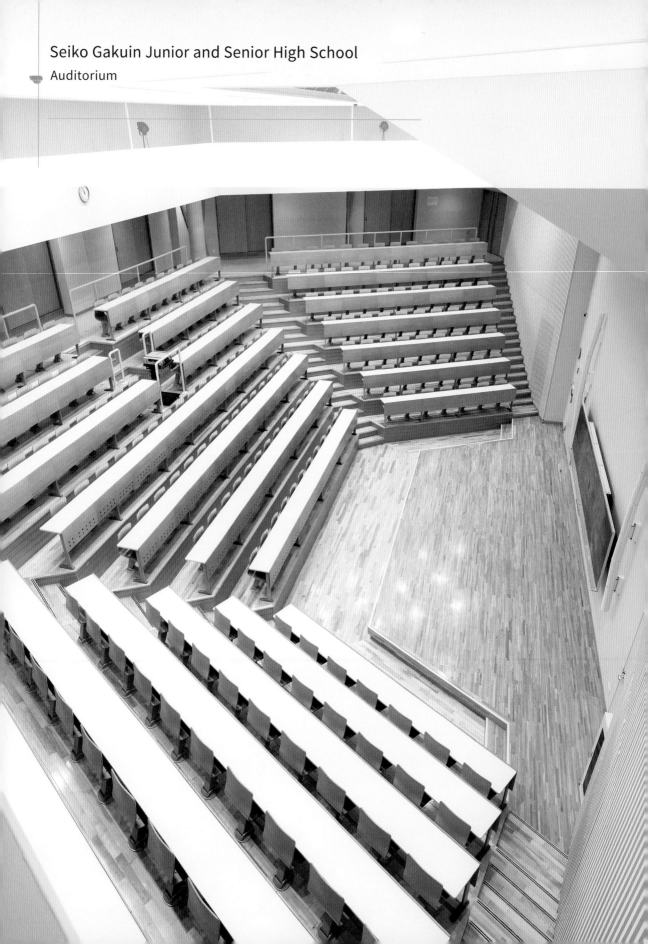

Affiliated with the French 'Brothers of Christian Instruction', which was founded in 1817, this school combines junior and senior high school education. In 2011 work started to gradually replace all the school buildings, the entire project being completed in 2014. Characterized by its steeply tiered seating, the small auditorium is capable of holding 252. Lessons are carried out in this intimate space that is reminiscent of a foreign university's lecture room. In addition to being used for grade assemblies and parents' association meetings, it is also the venue for concerts or film screenings during the school's open day and serves to host various extra-mural events.

Location   Kanagawa
Architect   Toda Corporation
Completed   November 2014

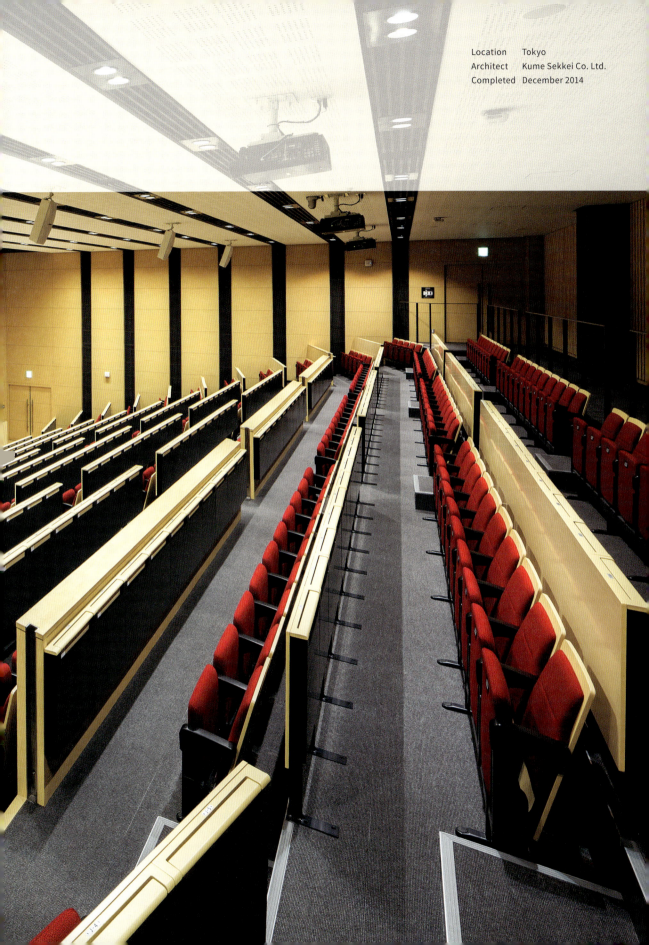

Location   Tokyo
Architect Kume Sekkei Co. Ltd.
Completed December 2014

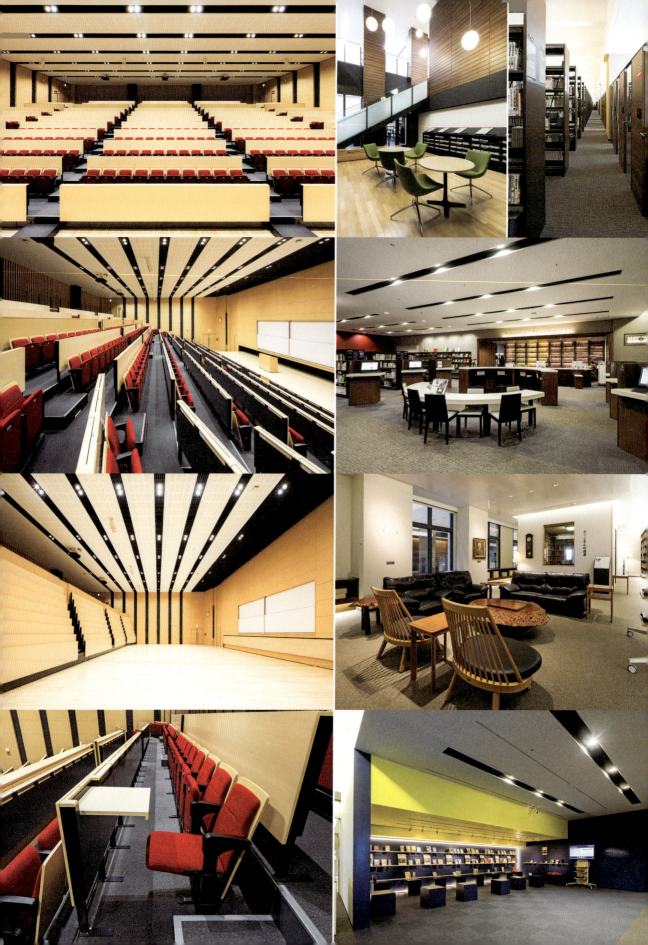

The 'University Hall 2014' stands on the far side of Tamagawa Lake, which extends to the left of the main gate and has become a new symbol of the university. The 1st and 2nd floors house the Library, containing 850,000 books in automatic stacks, and the Multimedia Resource Center, together with a reproduction of the study belonging to the university's founder, Kuniyoshi Ohara. The 3rd and 4th floors contain learning commons, the 5th and 6th floors contain a large auditorium fitted with retractable seating and the uppermost, 7th floor, holds laboratories, and various other educational spaces. Each floor utilizes glass walls to make everything visible, and the students' study areas are all visible from the great staircase that runs from the 1st to the 4th floors.

Showa Women's University
80th Anniversary Building, Cosmos Hall

Location   Tokyo
Architect   Furuhashi Architect & Associates
Completed   March 2014

The '80th Anniversary Building,' that was constructed to celebrate the university's 80th anniversary in 2000, is a modern, six-story structure with 2 basement floors, containing classrooms, laboratories, student hall, etc. In 2014 the 'West Building' was constructed and linked to the '80th Anniversary Building.' The Cosmos Hall is a tiered classroom, situated on the 6th floor that is capable of holding 342. Enclosed within a gently undulating wooden interior, the bright blue carpet and the white desktops create a powerful impression. In addition to lessons and seminars, this hall is also used to present briefing sessions on lectures during the open campus day.

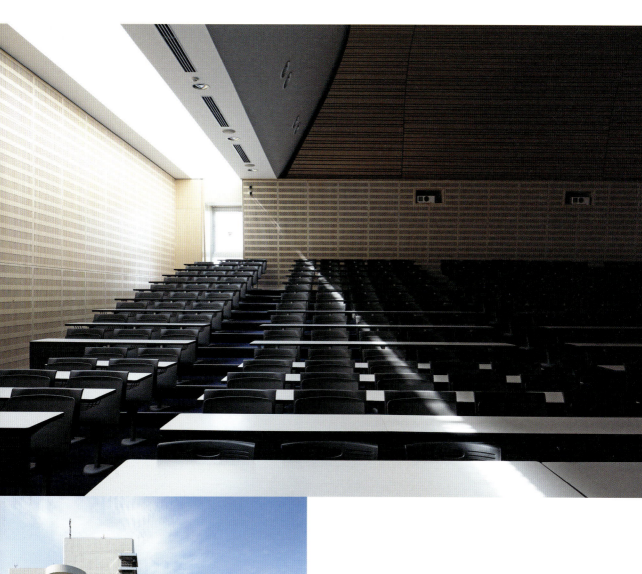

Tokyo Institute of Technology
Lecture Theater [Restoration]

Location   Tokyo
Architect Rui Sekkeishitsu
Completed April 2015

Founded in 1873, this is the oldest national technical school in Japan. With a mission to produce people to lead the modernization of industrial technology, it adopted the latest Western technology to offer an advanced education. Building on this history, it is currently carrying out a radical overhaul of its educational system in order to raise people capable of contributing to the global society through the power of scientific technology. Among the improvements that were carried out in 2015, were changes to the design of the various spaces and equipment in order to revolutionize the environment.

Fascinating Lectures, Dynamic Presentations

When carrying out improvements on the building, the concept of 'Fascinating Lectures' and 'Dynamic Presentations' was adopted with the objective of creating an environment suitable for lectures and speeches on cutting-edge research and experiments. First the slope in the existing tiered lecture room was increased then the seating was arranged so it surrounded the flat rostrum, creating a feeling of immediacy. This was done to allow the students to feel closer to the teachers and lecturers.

The seats were fitted with soft cushions that set them apart from the usual lecture-room seating, being so comfortable that it created an experience reminiscent to that of sitting in a theatre. The taking of notes is essential during a lecture so all the seats are fitted with either a retractable desk or writing surface. In this way, a space has been created that is capable of lending itself to global programs.

Facilities that deserve special note are the screens and electronic blackboard. The rostrum is fitted with two, 150-inch screens, together with three, 50-inch auxiliary monitors and an electronic blackboard. The wall space surrounding the blackboard has also been coated with blackboard paint (p.180), making it suitable for every kind of presentation.

There is an operation room set in the rear of the theater where sound, images and illumination can be easily controlled during lectures. In this way the ideal environment for a lecture or talk can be provided to meet the demands of individual lecturers.

Hokkaido University
Global Research Center for Food & Medical Innovation Multi-purpose Hall

Location   Hokkaido
Architect Nikken Sekkei Ltd. (Design Supervision)
           Shimizu Corporation
Completed March 2015

Hokkaido University's Campus extends for over 430 acres, making it the largest in the country and 2015 saw the completion of a new facility there to serve as a base for collaborative research by industry/academia. It is a place where the university, industry and local people can come together, and typical of Hokkaido, it aims to merge various different fields, such as 'food' and 'medicine.'

Starting with a multipurpose hall, capable of seating 192 and suitable for international conferences, it contains a wide variety of communication spaces. The open ceiling of the entrance hall connected with the foyer takes the shape of a stylized design of a trillium flower, which is the university's symbol mark. It evokes the image of the facility's concept of being 'under one roof.'

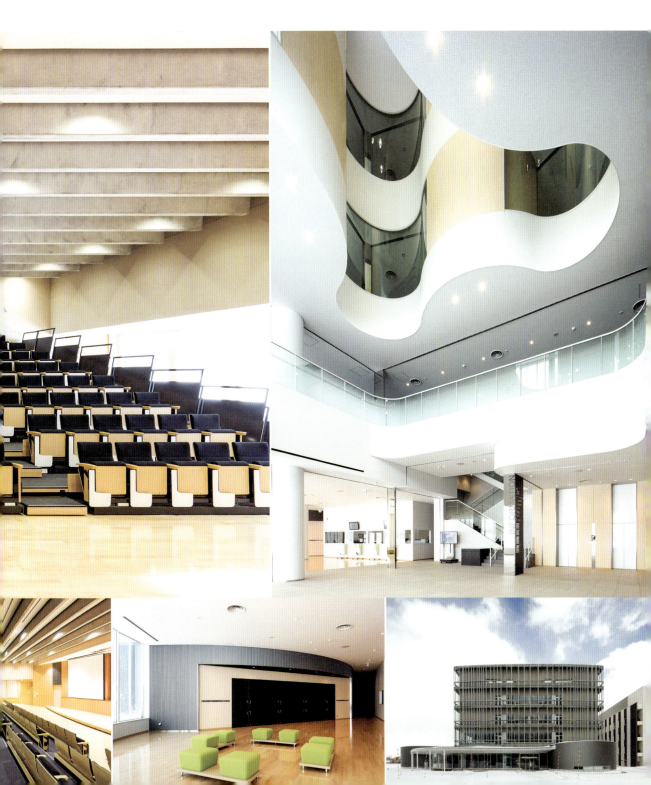

Okinawa Institute of Science and Technology Graduate University (OIST)
Auditorium

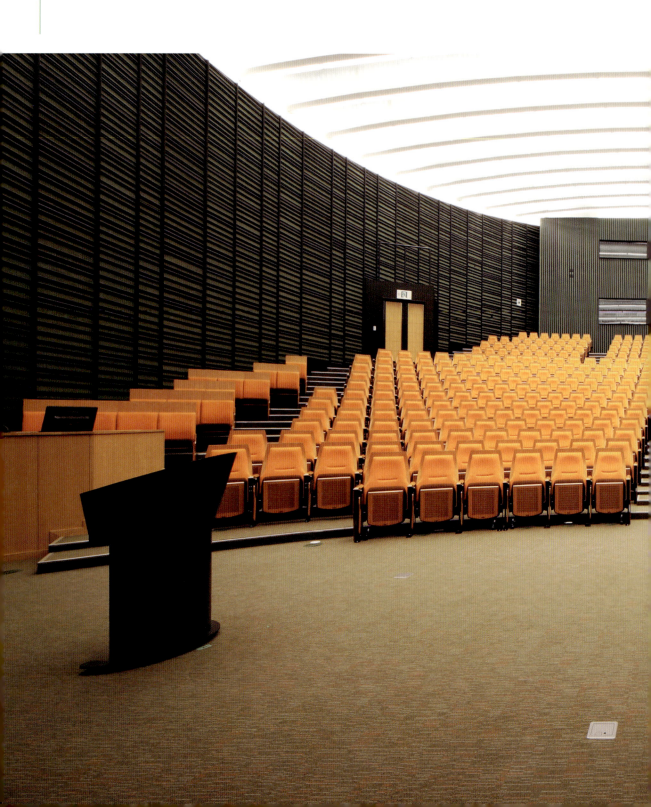

In 2011, OIST opened on the hills of Onna Village, overlooking the western beaches of the main island of Okinawa. Offering a 5-year integrated doctorate course, it aims to become world-class education and research facility. More than half of the faculty and students come from overseas and the research and lessons are all carried out in English. Capable of holding approximately 500, the auditorium has a flat rostrum that is surrounded by tiered seating, creating a sense of unity. The chairs, which are upholstered in a bright orange fabric, a color typical of the southern islands, are designed with an enlarged seating area for extra comfort, they are equipped with outlets for computers and interpretation headsets and also have tables built into the armrests, making them ideally suited for lectures or symposiums that attract international researchers.

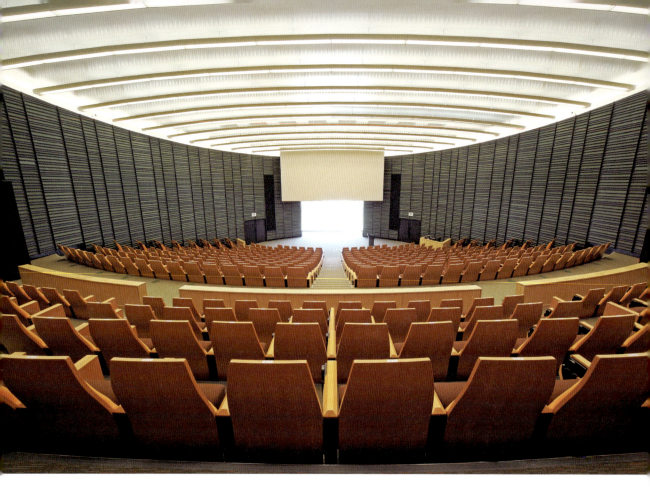

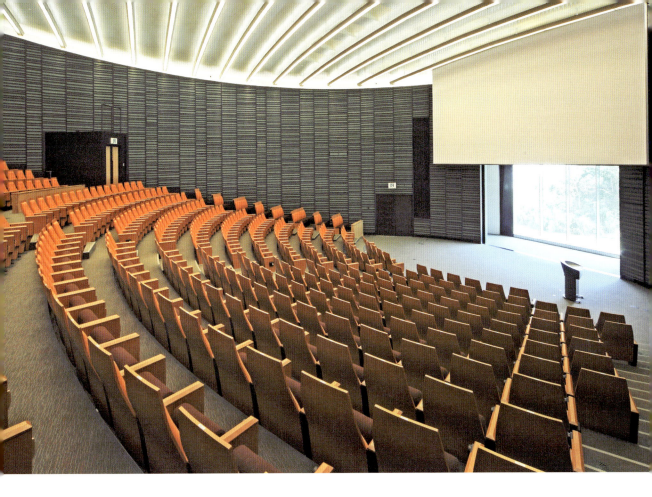

Location   Okinawa
Architect Nikken Sekkei Ltd.
Completed January 2012

Tokyo University of Agriculture
Nodai Academia Center Yokoi Hall

Location   Tokyo
Architect   Kume Sekkei Co. Ltd.
Completed   November 2013

The Nodai Academia Center is a nine-story building with 2 basement floors that was completed to celebrate the university's 125th anniversary in 2013. Centered around a library (3F –7F) that is capable of seating 1,000 readers and holding 1 million books, it is a comprehensive facility that houses all the central operations of the university. The Yokoi Hall, which is situated in the 1st basement floor, is surrounded by 72 pillars of solid cypress timber. It contains 281 fixed seats that harmonize with these pillars, each fitted with a table making them ideally suited for lectures or seminars. In addition, the seats are fitted with air-conditioning outlets, demonstrating a concern for the environment while minimizing running costs and reducing the quantity of CO_2 in the air.

Meiji University
Global Hall

The Ochanomizu district, where Meiji University's campus is located, is distinctive for its large number of hills and abundant greenery. It also boasts a contrast of historical buildings, such as the Holy Resurrection Cathedral and Hijiribashi Bridge, with numerous modern office blocks. Standing 17 stories tall with 1 basement floor, the Global Front is the 3rd largest building in the area, after Liberty Tower and Academy Common (p.195), and houses the Social Sciences and Humanities graduate school, the Organization for the Strategic Coordination of Research and Intellectual Property and the Organization for International Collaboration. Situated on the 1st floor, Global Hall is equipped to handle international conferences and through its design and functionality, it aims to become a base for advanced international research.

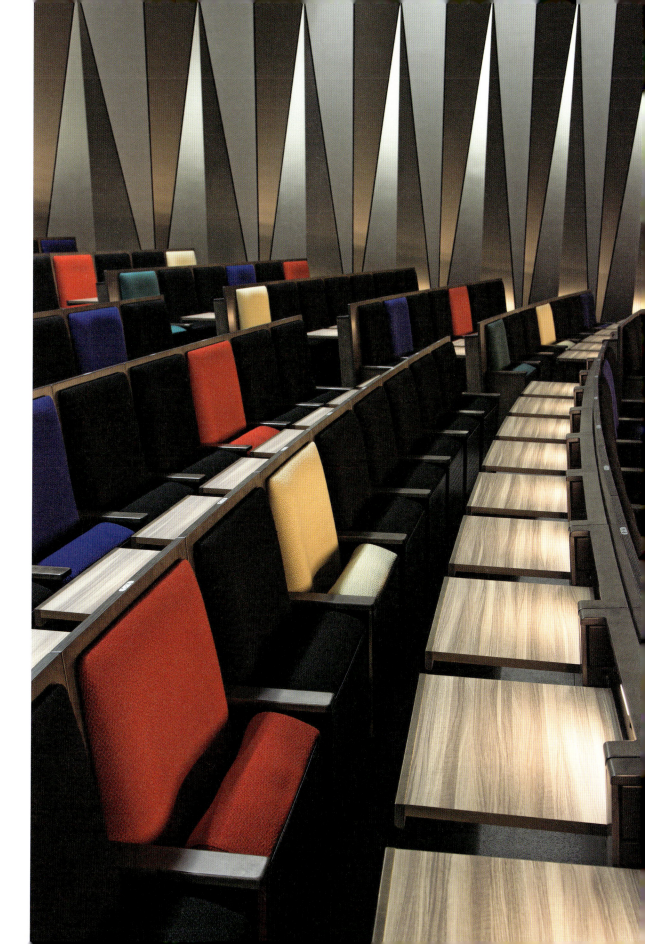

Location	Tokyo
Architect	Nikken Sekkei Ltd.
Completed	January 2013

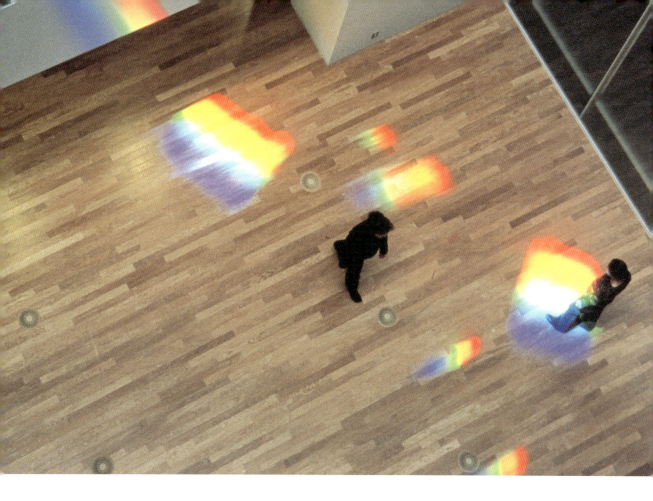

Conversation with Sun (2004), is a work by the American artist, Charles Ross, installed in the atrium of the Academy Common (designed by Kume Sekkei Co., Ltd. and completed in December 2003). Comprising of nine prisms fitted to the skylight, it casts ever-changing rainbows in the atrium when the sun shines.

Charles Ross, *Conversation with Sun*, 2004

Aichi Gakuin University
Castle Hall

In 2014 the Meijo Park Campus, which houses the faculties of Commerce, Management, and Economics, was born on a site overlooking the rich greenery of the large park containing Nagoya Castle. It consists of four buildings: the ten-story 'Aichi Gakuin Active Learning Studio Tower,' which contains the classrooms and offices of the three faculties, the 'Intelligence Cube,' which holds the library and ICT classrooms, the 'Kusunoki Terrace,' which holds the café and dining hall and the 'Castle Hall' that holds a lecture hall capable of seating 374. The jet-black relief that decorates the corridors on three floors facing the atrium is the work of Atsushi Toyoshima (pp. 196–97), and utilizes timber from the 700-year-old 'Godaisugi' cedar tree that grew in the precincts of Eiheiji Temple.

Location   Aichi
Architect   Daiken Sekkei, Inc.
Completed   April 2014

pp.196–97:
Atsushi Toyoshima, *Hidaki*, 2014

Kogakuin University
Hachioji Campus

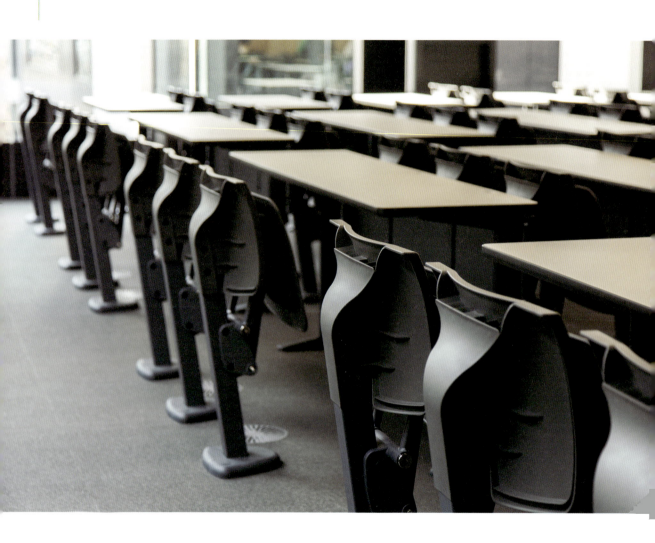

Location   Tokyo
Architect Chiba Manabu Architects
Completed August 2012

A Meeting Place with a Passage
Manabu Chiba, Architect

The ways in which people come together was the main theme when designing Kogakuin University 125th Memorial Education Center. Large numbers of people may gather for a lecture, small groups may come together for a discussion, a teacher may work one-on-one with a student to help with their thesis, or students may devote themselves to solitary research; it is the way in which various people come together that makes a university what it is. This building complex was created as a place where this could occur. Consisting of four L-shaped structures, they each contain different open spaces with a windmill-shaped passage running through the center. Open corridors face onto the open spaces and the passageways lead to numerous lecture rooms or laboratories of varying sizes. In this way, the classrooms go beyond mere learning venues to become meeting places where people are stimulated by their friends' activities or inspired to discover new areas of interest, nurturing a social sense within the students.

Another important aspect of these buildings is that they themselves provide material for study. For instance, if we look at the floors, those in the large lecture rooms are of precast concrete, while the small lecture rooms use site-cast concrete. Likewise, the windows looking over the open areas utilize aluminum frames, while those facing the passages use steel; some windows are to look through, some are for ventilation, and some for people to put their heads out. The same is also true of the walls—structural walls are of exposed concrete or mortar while the dry walls are all covered in wood, selecting construction methods, materials and details to express the way in which the buildings were made.

The close proximity to the air conditioning offers an educational interaction between the students and their surroundings. In addition to floor vents, air-conditioned chairs have also been employed experimentally and these have been arranged so they may be observed in the future. In particular, the air-conditioned seating was developed jointly by Professor Tatsuo Nobe of the Kogakuin University and Kotobuki Seating, and the students are very lucky to be able to come into contact with this ongoing research within the building.

Doshisha University
Ryoshinkan Building

The Imadegawa campus has been home to the university for 140 years, ever since the then Doshisha English school moved there in 1876, and includes several brick buildings that have been designated important cultural properties, such as the Doshisha Chapel (p.205, top left), the Shoeikan (p.205, top center), and Clarke Memorial Hall (p. 205, top right). The Ryoshinkan was completed in 2012 on the site of the old Doshisha Junior High School and has a total floor area of 40,000 square meters. The central area of the 2nd and 3rd floors houses one of the largest learning commons in Japan while the 4th floor contains small classrooms and seminar rooms.

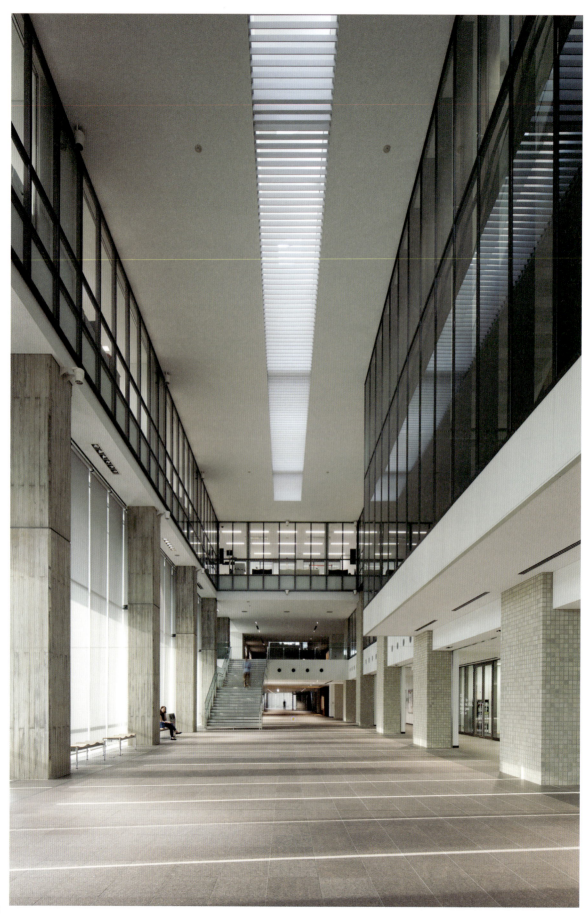

Location   Kyoto
Architect Tohata Architects & Engineers
Completed October 2012

University of Toyama
Center for Medical and Pharmaceutical Innovation
Nichiiko Auditorium

The Center for Medical and Pharmaceutical Innovation was completed on the Sugitani campus of the University of Toyama in 2014 to serve as a comprehensive center for the study of medicine and pharmaceuticals. Incorporating the Faculty of Medicine and the Faculty of Pharmacy, this five-story building was constructed to increase the space available for medical and pharmaceutical research; it contains various rooms including offices and laboratories. The Nichiiko Auditorium is decorated with an impressive checkered motif on the walls that was designed by the one of the students, and holds 320 seats upholstered using a random pattern of blue tones. Bright blue is the school's overall color and the different gradations represent the theme colors of the pharmaceutical and medical faculties. It employs ergonomically-designed theater seats with the cushioning becoming thinner towards the knees, allowing free movement of the lower legs and facilitating rising and sitting. In addition, the seats nearest to the entrance are adapted for use by wheelchair users. As the central medical center in the area, the campus provides research facilities for a wide variety of people from both Japan and abroad.

Location   Toyama
Architect Rui Sekkeishitsu
           Shin-Nippon Setsubi Consultant Engineers Office
Completed December 2014

Kitasato University
Towada Campus

As part of the centenary celebrations of the Kitasato Institute, the university constructed a new building on its campus, situated next to a national park. Located in a rich natural environment and with its own farm, the classrooms that used to be scattered around the site have been consolidated into two central buildings. The Veterinary Faculty classrooms where practical instruction is carried out have a minimal design concentrating on line of flow. The staircases linking the various classrooms are decorated with graphics of animal footprints (p.209, bottom right). The glass panel fitted in Conference Room (top) can be used as either a white board or a screen, combining design and function in a way suited to a science establishment.

Location   Aomori
Architect Kajima Design
Completed August 2014

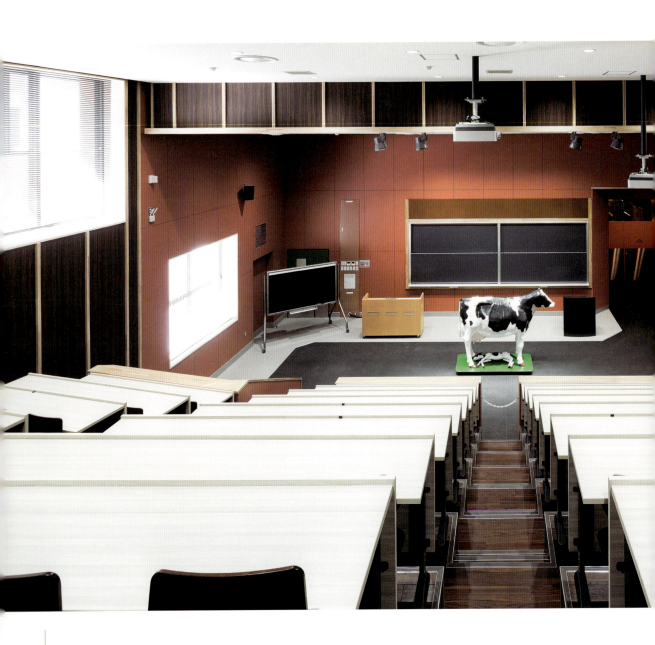

Obihiro University of Agriculture and Veterinary Medicine
Large Animal Hospital and Clinical Research Building
Clinical Lecture Room

The Large Animal Hospital and Clinical Research Building was opened in 2015 to deal with the examination, treatment and autopsy of large animals, allowing the students to study all these in a single facility. Connected by a 'skywalk' to the Diagnostic Center for Animal Health and Food Safety that was completed the previous year, it aims to become a center for veterinary medicine in Asia. The Clinical Lecture Room on the 1st floor has been fitted with an especially large, flat stage to allow animals to actually be brought in for lectures. The steeply sloped seating allows a clear view from the rear rows, so the lectures can be seen throughout.

Location   Hokkaido
Architect Hokkaido Nikken Sekkei Ltd.
Completed October 2015

Jissen Gakuen Junior and Senior High School
Freedom Hall

Location   Tokyo
Architect NASCA
Completed March 2011

Freedom Hall was opened as a unique, self-study facility offering courses on communication design, etc. The individualistic exterior design is based on the image of a 'house' and it aims to become a place of contact with local members of society. Only tiered platforms have been fitted in the hall annex, allowing moveable seating to be used to create a flexible space in which the number of seats can be adjusted as needed. The sloping ceiling is fitted with a combination of reflecting panels and porous sound absorbing panels to reduce echoes. The concrete walls have been faced with wood while natural light from the windows is combined with indirect lighting to create a relaxed environment, both aurally and visually, that is ideal for study. It received the JIA Japan Architecture Award in 2013.

Makuhari Junior and Senior High School
Lecture Hall

Location   Chiba
Architect   Takenaka Corporation
Completed   April 2013

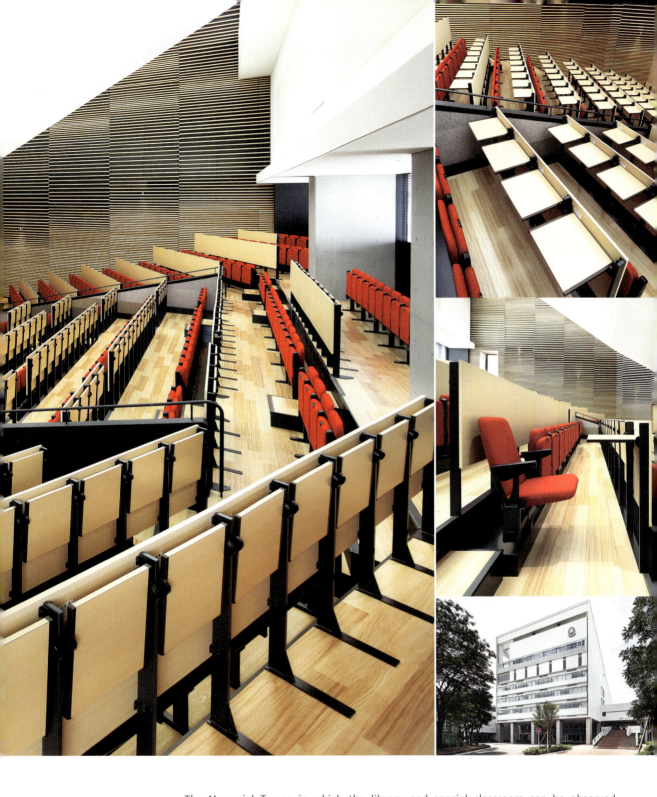

The Memorial Tower, in which the library and special classroom can be observed interactively, was completed in 2013 to celebrate the school's 30th anniversary. The existing library functions were expanded and the number of books increased to 120,000. Classrooms for computer science, music, art, etc., have been placed within the same space, creating a visual continuity and aiming to create a new educational environment. The Lecture Hall, which is situated on the uppermost, 6th floor, holds a total of 450 seats, including electrically-powered moveable seating. When all the seats have been moved into storage, it produces an open space that can be used for extra-curricular or club activities.

Mita International School

Location   Tokyo
Architect Kume Sekkei Co. Ltd.
Completed April 1993

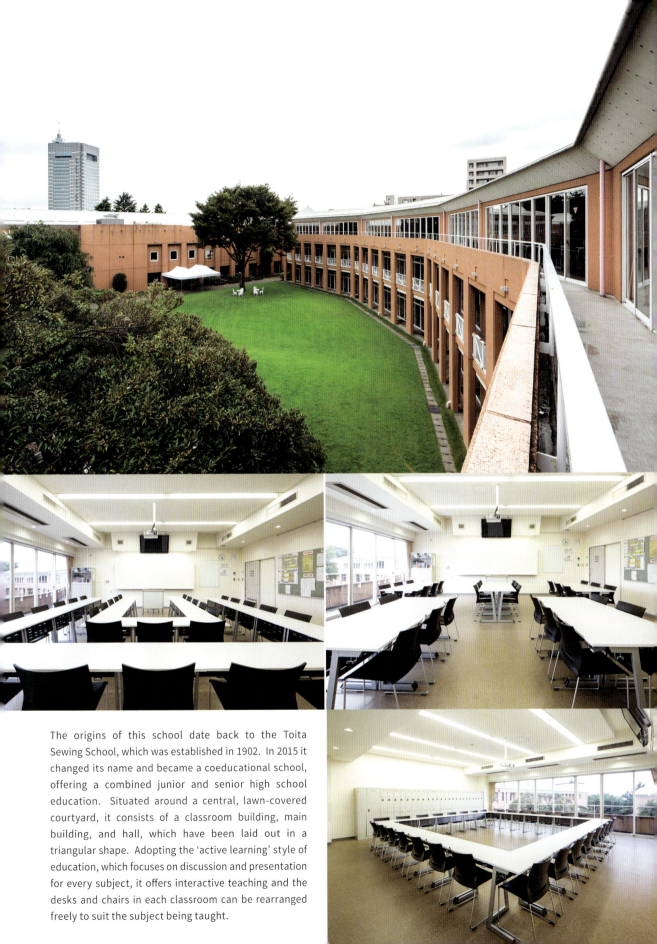

The origins of this school date back to the Toita Sewing School, which was established in 1902. In 2015 it changed its name and became a coeducational school, offering a combined junior and senior high school education. Situated around a central, lawn-covered courtyard, it consists of a classroom building, main building, and hall, which have been laid out in a triangular shape. Adopting the 'active learning' style of education, which focuses on discussion and presentation for every subject, it offers interactive teaching and the desks and chairs in each classroom can be rearranged freely to suit the subject being taught.

Senzoku Gakuen College of Music
Silver Mountain

Location   Kanagawa
Architect   k/o design studio+Kajima Design
Completed   August 2013

Silver Mountain was completed in August 2013. The existing rehearsal facilities, Ensemble City 1, 2 & 3, were moved to a location near the main entrance and remodeled, with two upper floors and a basement, to form Silver Mountain. Silver Mountain has a different clarity of sound to that of the Maeda Hall (which can seat 1,100 persons) and is poised to become the new center for the university's musical performances.

Aoyama Gakuin University
Sagamihara Campus, Building A Arena

Location	Kanagawa
Architect	Nikken Sekkei Ltd.
Completed	March 2003

In addition to the faculties of Science and Engineering and Social Informatics, a new faculty, the School of Global Studies and Collaboration, was established on the Sagamihara campus in 2015. This huge campus extends over an area of almost 40 acres and in addition to the educational buildings and a chapel, it also holds a baseball field, stadium and other sports amenities. The arena was built when the campus first opened in 2003 and is a comprehensive facility, capable of seating 2,000. It is used as a base by the university's outstanding basketball club, which was founded in 1929 and has been home to many a hotly contested game.

Nihon University
College of Science and Technology Sports Hall Arena

Location Chiba
Architect Nihon University Research Institute of Science & Technology
Completed March 1985

The roof employs beams and tension ties to create a light, yet strong arched beam structure. This three-story building has two basketball courts in the 1st floor arena, a small arena for table tennis and badminton on the 2nd floor (p.228, bottom), and a 200-meter running track on the 3rd floor. Electrically powered moveable seating that is stored in the wall partitions, can be deployed to provide seating on the 1st and 2nd floors for ceremonial events (p.228, top) and if only the seating on the 2nd floor is used, it provides spectator seating for sports events. It received the Tokyo Architecture Award in 1986.

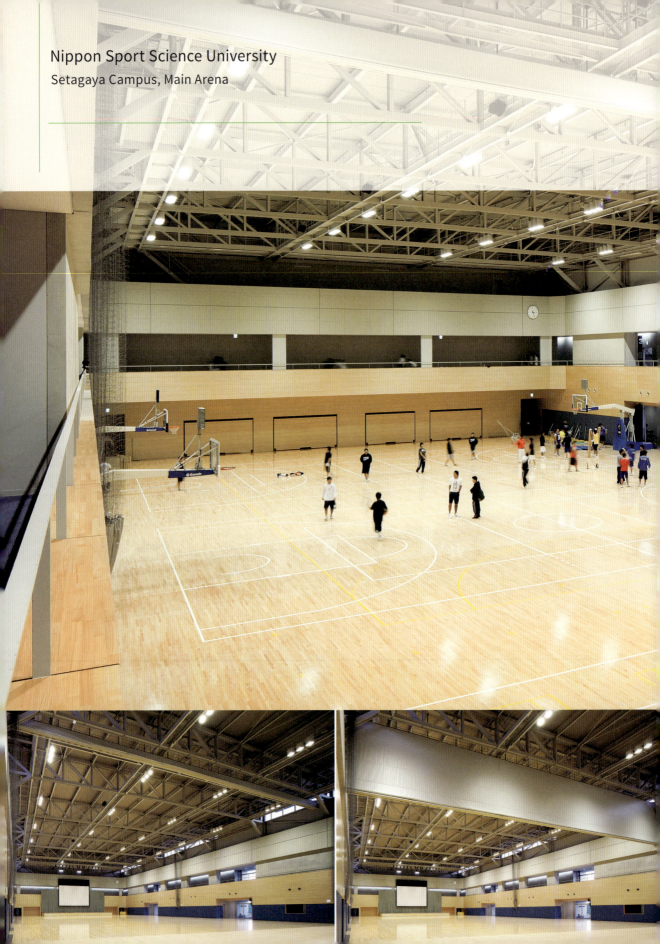

Nippon Sport Science University
Setagaya Campus, Main Arena

The Main Arena, which was completed on the Tokyo Setagaya Campus in 2012, is a multipurpose space capable of catering for both the activities of the sports department and school ceremonies. Generally, the space is divided by a huge, electrically-powered partition wall, allowing the basketball team and volleyball team to use it simultaneously. The partition rolls up automatically and can be stored in the ceiling and when a ceremony is to be held, the stage and moveable seating that is stored in the walls, can be brought out to create a venue capable of holding 2,000 people.

Location Tokyo
Architect Kume Sekkei Co. Ltd.
Completed May 2012

Osaka Toin Junior and Senior High School
Toin Arena

Location   Osaka
Architect   Hashimoto Sekkei
Completed   February 2013

Having produced numerous athletes, this school is well known as a sports powerhouse. In 2013 it added a new arena; the brick-facing and arches of the exterior create a classical feel while by contrast, the interior presents an ultra-modern appearance. The beams supporting the roof are hidden behind a suspended ceiling and the lower half of the walls is clad with dark-colored wood. Coupled with seating in the same color, this creates a sophisticated, new feel for the arena space. The floor space is sufficient for two basketball courts. It not only serves as a venue for sports education and club activities, but also as a large-scale event space for the school's various ceremonies.

List of Works and Photo Credits

Section 1
Building the Future on the Past

pp. 10–15
The University of Tokyo
Yasuda Auditorium [Restoration]

Location Tokyo
Architect Chiba Manabu Architects
Hisao Kohyama Atelier
Completed December 2014
Seating Capacity 1,136

Photos by Fumio Araki: pp.10–14;
Katsuhiko Murata: p.15
Photo courtesy of Tanaka Manufacturing Co., Ltd.: pp. 1–6; Kofu Kotobuki Co., Ltd: 7–12

pp. 16–19
Chiba University
Inohana Memorial Hall [Restoration]

Location Chiba
Architect Maki and Associates
Completed April 2014
Seating Capacity 784

Photos by Fumio Araki

pp. 20–23
Seijo Gakuen
Sawayanagi Auditorium [Restoration]

Location Tokyo
Architect Nikken Sekkei Ltd.
Completed February 2015
Seating Capacity 1,570

Photos by Katsuhiko Murata

pp. 24–27
Seisen University
Main Building, Building No. 1 and No. 2

Building No. 1 and No. 2
Location Tokyo
Architect Mitsubishi Jisho Sekkei Inc.
Takenaka Corporation
Completed September 2013

Photos by Fumio Araki

pp. 28–31
Musashi Academy
Auditorium [Restoration]

Location Tokyo
Architect Shimizu Corporation
Completed October 2011
Seating Capacity 924

Photos by Katsuhiko Murata

pp. 32–35
The Jikei University School of Medicine
The Central Auditorium

Loca+tion Tokyo
Architect Shigeharu Nomura,
Makoto Akaishi,
Seiichiro Okumura
Completed December 1932
Seating Capacity 566

Photos by Katsuhiko Murata

pp. 36–39
Waseda University
Okuma Auditorium [Restoration]

Location Tokyo
Architect AXS Satow Inc.
Completed October 2007
Seating Capacity 1,121

Photos by Tokuaki Takimoto

pp. 40–43
Yamawaki Gakuen Junior and Senior High School
Yamawaki Hall

Location Tokyo
Architect Toda Corporation
Completed October 2013
Seating Capacity 909

Photos by Katsuhiko Murata

pp. 44–45
Waseda University Senior High School
Auditorium

Location Tokyo
Architect Nikken Sekkei Ltd.
Completed March 2014
Seating Capacity 1,508

Photos by Katsuhiko Murata

pp. 46–49
Kwansei Gakuin
Central Auditorium

Location Hyogo
Architect Nihon Sekkei Inc.
Completed September 2014
Seating Capacity 1,200

Photos by Katsuhiko Murata

pp. 50–51
Toho Junior and Senior High School
Auditorium, Planetarium

Location Tokyo
Architect Yamashita Sekkei Inc.
Completed June 2014
Seating Capacity 389 (Auditorium)

Photos by Fumio Araki

pp. 52–55
Ueno Gakuen
Ishibashi Memorial Hall

Location Tokyo
Architect Atelier Platform for
Architectural Design
GKK Architects & Engineers Co., Ltd.
Completed February 2009
Seating Capacity 508

Photos by Tokuaki Takimoto

pp. 56–57
Kamakura Women's University
Matsumoto Auditorium [Restoration]

Location Kanagawa
Architect Shimizu Corporation
Completed March 2014
Seating Capacity 1,306

Photos by Katsuhiko Murata

pp. 58–59
Tokushima University
Otsuka Memorial University Auditorium [Restoration]

Location Tokushima
Architect Takimoto Architect & Associates
Completed April 2013
Seating Capacity 655

Photos by Katsuhiko Murata

pp. 60–63
Showa Gakuin Junior and Senior High School
Ito Memorial Hall, Main Arena, Planetarium

Location Chiba
Architect Nikken Sekkei Ltd.
Completed May 2010
Seating Capacity 560 (Hall)

Photos by Tokuaki Takimoto

pp. 64–65
Tokyo Keizai University
Forward Hall [Restoration]

Location Tokyo
Architect AXS Satow Inc.
Completed October 2014
Seating Capacity 323

Photos by Fumio Araki

pp. 66–69
Hiroshima University
Satake Memorial Hall

Location Hiroshima
Architect Taisei Corporation
Completed February 2003
Seating Capacity 1,000

Photos by Katsuhiko Murata

pp. 70–71
Tohoku University
Centennial Hall [Restoration]

Location   Miyagi
Architect   Mitsubishi Jisho Sekkei Inc.
Completed   August 2008
Seating Capacity   1,235

Photos by Shigeru Ono

pp. 72–77
Kyushu University
Shiiki Hall

Location   Fukuoka
Architect   Naito Architect & Associates
Completed   March 2014
Seating Capacity   3,000

Photos by Fumio Araki: pp. 72–75, 76 (upper left, upper middle, bottom), 77
Photo courtesy of Naito Architect & Associates: p. 76 (upper right)

Section 2
Interaction and Communication

pp. 80–85
Shikoku Gakuin University
Notos Studio

Location   Kagawa
Architect   Showa Sekkei, Incorporated
Completed   May 2006
Seating Capacity   80

Photos by Kazunari Satoh: pp. 80, 81 (except bottom), 82–85; Shigeru Ono: p. 81 (bottom)

pp. 86–89
Bunkyo University Junior and Senior High School
Lotus Hall

Location   Tokyo
Architect   Nihon Sekkei Inc.
Completed   April 2014
Seating Capacity   700

Photos by Fumio Araki

pp. 90–93
Toin University of Yokohama
Central Tower, Creative Studio, Auditorium

Location   Kanagawa
Architect   Shimizu Corporation
Completed   March 2010

Photos by Katsuhiko Murata

pp. 94–97
Meguro Seibi Gakuen Junior and Senior High School

Location   Tokyo
Architect   Shimizu Corporation
Completed   June 2009

Photos by Katsuhiko Murata

pp. 98–101
Rissho University
Dining Hall No. 2 [Restoration]

Location   Tokyo
Architect   Maeda Corporation
Completed   June 2014

Photos by Fumio Araki

pp. 102–05
Suijo High School
Yamanouchi Hall

Location   Ibaraki
Architect   Takumi Toda Architect & Associate
Completed   March 2014
Seating Capacity   600

Photos by Katsuhiko Murata

pp. 106–09
Kansai University Hokuyo Junior and Senior High School
Gymnasium

Location   Osaka
Architect   Tohata Architects & Engineers, Inc.
Completed   September 2013
Seating Capacity   1,301

Photos by Kazunari Satoh

pp. 110–11
Kaichi Nihonbashi Gakuen Junior High School / Nihonbashi Jogakkan High School
Multipurpose Hall

Location   Tokyo
Architect   Tomii Architect & Associates
Completed   March 2009
Seating Capacity   403

Photos by Tokuaki Takimoto

pp. 112–13
Hongo Junior and Senior High School
Auditorium

Location   Tokyo
Architect   Kajima Design
Completed   January 2014
Seating Capacity   1,007

Photos by Katsuhiko Murata

pp. 114–17
Yasuda Gakuen Junior and Senior High School
Communication Spaces

Location   Tokyo
Architect   AXS Satow Inc.
Completed   August 2013

Photos by Katsuhiko Murata

pp. 118–19
The American School in Japan
Multi-Purpose Room, Creative Arts Design Center

Location   Tokyo
Architect   Tange Associates
Completed   August 2015
Seating Capacity   132

Photos by Katsuhiko Murata

pp. 120–23
Polaris College of Nursing
Megrez Hall

Location   Fukushima
Architect   Nikken Sekkei Ltd.
Completed   July 2013
Seating Capacity   330

Photos by Katsuhiko Murata

pp. 124–27
Kyoto Sangyo University
Musubiwaza Hall

Location   Kyoto
Architect   Takenaka Corporation
Completed   February 2012
Seating Capacity   418

Photos by Kazunari Satoh

pp. 128–31
Kawasaki Junior and Senior High School
Auditorium

Location   Kanagawa
Architect   Azusa Sekkei Co., ltd.
Completed   August 2014
Seating Capacity   502

Photos by Katsuhiko Murata

pp. 132–33
Toyama Chubu High School
Shisei Hall

Location   Toyama
Architect   Fukumi Architect & Associates Co., Ltd.
Completed   March 2014
Seating Capacity   315

Photos by Katsuhiko Murata

pp. 134–35
Kyushu High School Affiliated with Kyushu Sangyo University Kyushu Community Hall

Location Fukuoka
Architect Kazumi Kudo + Hiroshi Horiba, Coelacanth K&H
Completed November 2013
Seating Capacity 612

Photos by Kazunari Satoh

pp. 136–37
Shoshikan High School Audiovisual Hall

Location Kagoshima
Architect Eto Nakayama Sekkei Co., Ltd.
Completed July 2015
Seating Capacity 206

Photos by Katsuhiko Murata

pp. 138–39
Nakano Junior and Senior High School Attached to Meiji University Sakurayama Hall

Location Tokyo
Architect Nikken Sekkei Ltd.
Completed March 2016
Seating Capacity 420

Photos by Katsuhiko Murata

pp. 140–41
Hokkaido Otani Muroran High School Auditorium

Location Hokkaido
Architect Nihon Sekkei Inc.
Completed November 2014
Seating Capacity 500

Photos by Katsuhiko Murata

pp. 142–43
Nichinan Gakuen Junior and Senior High School Portsmouth Hall

Location Miyazaki
Architect Matsuo Construction Co., Ltd. Shiba Sekkei
Completed July 2014
Seating Capacity 171

Photos by Katsuhiko Murata

pp. 144–45
Tamagawa University Drama Studio

Location Tokyo
Architect Miura-Nishino Sekkei
Completed April 1976
Seating Capacity 481

Photos by Katsuhiko Murata: pp.144, 145 (bottom); Tokuaki Takimoto: p.145 (except bottom)

pp. 146–49
Aoyama Gakuin Elementary School Yoneyama Memorial Chapel

Location Tokyo
Architect Shimizu Corporation
Completed March 2007
Seating Capacity 950

Photos by Tokuaki Takimoto

Section 3
A New Learning Experience

pp. 152–59
Waseda University Building No. 3

Location Tokyo
Architect Kume Sekkei Co. Ltd.
Completed September 2014

Photos by Katsuhiko Murata

pp. 160–63
Tokyo University of Science Katsushika Campus Library Hall

Location Tokyo
Architect Nikken Sekkei Ltd.
Completed April 2013
Seating Capacity 600

Photos by Katsuhiko Murata

pp. 164–67
Nakamura Gakuen Girl's Junior and Senior High School Auditorium, Cooking Demonstration Hall

Location Fukuoka
Architect Nikken Sekkei Ltd.
Completed September 2010
Seating Capacity 1,680

Photos by Katsuhiko Murata

pp. 168–71
Seiko Gakuin Junior and Senior High School Auditorium

Location Kanagawa
Architect Toda Corporation
Completed November 2014
Seating Capacity 252

Photos by Katsuhiko Murata

pp. 172–75
Tamagawa University University Hall 2014

Location Tokyo
Architect Kume Sekkei Co. Ltd.
Completed December 2014
Seating Capacity 430

Photos by Katsuhiko Murata

pp. 176–79
Showa Women's University 80th Anniversary Building Cosmos Hall

Location Tokyo
Architect Furuhashi Architect & Associates
Completed March 2014
Seating Capacity 342

Photos by Katsuhiko Murata

pp. 180–83
Tokyo Institute of Technology Lecture Theater [Restoration]

Location Tokyo
Architect Rui Sekkeishitsu
Completed April 2015
Seating Capacity 274

Photos by Katsuhiko Murata

pp. 184–85
Hokkaido University Global Research Center for Food & Medical Innovation Multi-purpose Hall

Location Hokkaido
Architect Nikken Sekkei Ltd. (Design Supervision), Shimizu Corporation
Completed March 2015
Seating Capacity 192

Photos by Katsuhiko Murata

pp. 186–89
Okinawa Institute of Science and Technology
Graduate University (OIST)
Auditorium

Location   Okinawa
Architect   Nikken Sekkei Ltd.
Completed   January 2012
Seating Capacity   497

Photos by Shigeru Ono

pp. 190–91
Tokyo University of Agriculture
Nodai Academia Center Yokoi Hall

Location   Tokyo
Architect   Kume Sekkei Co. Ltd.
Completed   November 2013
Seating Capacity   281

Photos by Fumio Araki

pp. 192–95
Meiji University
Global Hall

Location   Tokyo
Architect   Nikken Sekkei Ltd.
Completed   January 2013
Seating Capacity   192

Photos by Katsuhiko Murata: pp. 192–94
Photos © by Charles Ross: p.195

pp. 196–99
Aichi Gakuin University
Castle Hall

Location   Aichi
Architect   Daiken Sekkei, Inc.
Completed   April 2014

Photos by Fumio Araki
Photos © Atsushi Toyoshima : pp.196–97
(Art Work)

pp. 200–01
Kogakuin University
Hachioji Campus

Location   Tokyo
Architect   Chiba Manabu Architects
Completed   August 2012

Photos by Katsuhiko Murata

pp. 202–05
Doshisha University
Ryoshinkan Building

Location   Kyoto
Architect   Tohata Architects & Engineers
Completed   October 2012

Photos by Katsuhiko Murata

pp. 206–07
University of Toyama
Center for Medical and Pharmaceutical
Innovation
Nichiiko Auditorium

Location   Toyama
Architect   Rui Sekkeishitsu
Shin-Nippon Setsubi Consultant
Engineers Office
Completed   December 2014
Seating Capacity   320

Photos by Katsuhiko Murata

pp. 208–09
Kitasato University
Towada Campus

Location   Aomori
Architect   Kajima Design
Completed   August 2014

Photos by Katsuhiko Murata

pp. 210–11
Obihiro University of Agriculture and
Veterinary Medicine
Large Animal Hospital and Clinical
Research Building
Clinical Lecture Room

Location   Hokkaido
Architect   Hokkaido Nikken Sekkei Ltd.
Completed   October 2015
Seating Capacity   130

Photos by Katsuhiko Murata

pp. 212–15
Jissen Gakuen Junior and Senior High
School
Freedom Hall

Location   Tokyo
Architect   NASCA
Completed   March 2011

Photos by Katsuhiko Murata

pp. 216–17
Makuhari Junior and Senior High School
Lecture Hall

Location   Chiba
Architect   Takenaka Corporation
Completed   April 2013
Seating Capacity   450

Photos by Fumio Araki

pp. 218–19
Mita International School

Location   Tokyo
Architect   Kume Sekkei Co. Ltd.
Completed   April 1993

Photos by Katsuhiko Murata

pp. 220–23
Senzoku Gakuen College of Music
Silver Mountain

Location   Kanagawa
Architect   k/o design studio + Kajima Design
Completed   August 2013

Photos by Fumio Araki

pp. 224–25
Aoyama Gakuin University
Sagamihara Campus
Building A Arena

Location   Kanagawa
Architect   Nikken Sekkei Ltd.
Completed   March 2003
Seating Capacity   1,957

Photos by Tokuaki Takimoto

pp. 226–29
Nihon University
College of Science and Technology
Sports Hall Arena

Location   Chiba
Architect   Nihon University Research
Institute of Science & Technology
Completed   March 1985
Seating Capacity   1,900

Photos by Fumio Araki

pp. 230–31
Nippon Sport Science University
Setagaya Campus
Main Arena

Location   Tokyo
Architect   Kume Sekkei Co. Ltd.
Completed   May 2012

Photos by Katsuhiko Murata

pp. 232–35
Osaka Toin
Junior and Senior High School
Toin Arena

Location   Osaka
Architect   Hashimoto Sekkei
Completed   February 2013
Seating Capacity   798

Photos by Katsuhiko Murata

| 翻訳　ギャビン・フルー | Translation by Gavin Frew |

学校建築とイス
新しいラーニングスタイルへ

2016年9月4日　初版第一刷発行

企画・監修　コトブキシーティング・アーカイブ
〒101-0062 東京都千代田区神田駿河台1-2-1
Tel. 03-5280-5399　Fax. 03-5280-5776
http://kotobuki-seating.co.jp

発行人　藤元由記子
発行所　株式会社ブックエンド
〒101-0021 東京都千代田区外神田6丁目11-14
アーツ千代田3331 #300号
Tel. 03-6806-0458　Fax. 03-6806-0459
http://bookend.co.jp

ブックデザイン　折原 滋（O design）
印刷・製本　日本写真印刷株式会社

Japanese Academic Architecture and Seating
For a New Learning Experience

Date of first publication: September 4, 2016

Kotobuki Seating Archive
1-2-1 Kanda Surugadai, Chiyoda-ku, Tokyo 101-0062, Japan
Tel. 03-5280-5399　Fax. 03-5280-5776
http://kotobuki-seating.co.jp

Bookend Co., Ltd.
6-11-14-#300 Sotokanda, Chiyoda-ku, Tokyo 101-0021, Japan
Tel. 03-6806-0458　Fax. 03-6806-0459
http://bookend.co.jp

Book design by Shigeru Orihara
Printed and Bound by Nissha Printing Co., Ltd.

Printed in Japan
ISBN978-4-907083-36-6
© 2016 Kotobuki Seating Co., Ltd.

乱丁・落丁はお取り替え致します。
本書の無断複写・複製は、法律で認められた例外を除き、
著作権侵害となります。